나는
네이버 블로그로
노머니 욜로한다

나는 네이버 블로그로 노머니 욜로한다

2018년 8월 29일 초판 1쇄 인쇄
2018년 9월 5일 초판 1쇄 발행

지은이 | 이지혜
펴낸이 | 이준원
펴낸곳 | ㈜황금부엉이

주소 | 서울시 마포구 양화로 127 (서교동) 첨단빌딩 5층
전화 | 02-338-9151
팩스 | 02-338-9155
인터넷 홈페이지 | www.goldenowl.co.kr
출판등록 | 2002년 10월 30일 제 2002-000358호

본부장 | 홍종훈
편집 | 신정원
본문 디자인 | 조서봉
전략마케팅 | 구본철, 차정욱, 나진호, 이동후, 강호묵
제작 | 김유석

ISBN 978-89-6030-508-3 13320

황금부엉이에서 출간하고 싶은 원고가 있으신가요? 생각해보신 책의 제목(가제), 내용에 대한 소개, 간단한 자기소개, 연락처를 book@goldenowl.co.kr 메일로 보내주세요. 집필하신 원고가 있다면 원고의 일부 또는 전체를 함께 보내주시면 더욱 좋습니다.
책의 집필이 아닌 기획안을 제안해주셔도 좋습니다. 보내주신 분이 저 자신이라는 마음으로 정성을 다해 검토하겠습니다.

누구나 쉽게 돈에서 자유롭게 인생 즐기는 법 **나는
네이버 블로그로
노머니 욜로한다**

제리핑크 이지혜 지음

BM 황금부엉이

일러두기

1. 저자의 글맛을 살리기 위해 표준 문법에 맞지 않는 '블로그 말투'를 그대로 둔 부분이 있습니다.

2. 저자는 '노머니욜로'를 하는 데 있어 기술을 익히는 것보다 마음먹기가 더 중요하다고 생각
   했습니다.

   그래서 독자님의 결심에 도움을 드리고자 두 번 세 번 반복하여 말하는 부분이 있습니다.

   이점 너른 양해를 부탁드립니다.

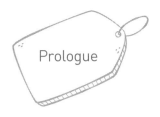

Prologue

"○○ 님! 돈 걱정 없이 하고 싶은 거 다 하세요~〉〈!"

나는 항상 돈 걱정 없이 사는 것을 꿈꿨다. 꼭 재벌이 되고 싶다는 것은 아니었다. 그냥 어떻게 보면 되게 막연한 말일 수도 있다. 하지만 나는 계속 생각했다. 돈 때문에 스트레스 받지 않고 그냥 내가 원하는 것은 다 하며 살고 싶다고.

그래서 나는 어렸을 때부터 크게 돈 때문에 스트레스 받지 않고 내가 원하는 일은 다 하고 살았다고 생각한다. 이렇게 말하면 나를 뭐 대단한 금수저라고 생각할 수도 있는데, 금수저의 기준이 재벌급이라면 난 절대 금수저가 아니다. 하지만 내가 하고 싶은 걸 다 할 수 있도록 도와주신 우리 부모님의 딸이므로 정신적으로는 금수저가 아닐까 싶다.

그리고 어렸을 때부터 절약이 몸에 밴 아버지 덕분에 나도 가성비 높은 삶을 산 것 같다. 최소의 비용으로 최대의 효과를 봤다고 해야 할까? 어쨌든 이런 저런 방법을 통해 비용은 적게 들이면서도 난 결국 내가 하고 싶은 건 다 했다.

미성년자일 때는 부모님의 도움으로 돈 걱정 없이 생활했다. 하지만 대학을 졸업하였기 때문에 경제적으로 일부 독립을 하게 되었다. 부모님 집에서 같이 살고 있기 때문에 완전한 독립은 아직 아니지만 말이다. 어쨌든 나는 지금 부모님의 도움 없이 돈 걱정 없이 살고 있다. 이젠 부모님 대신에 블로그가 나에게 도움을 주고 있는 것이다. 블로그를 통해서 돈 걱정 없이 내가 해보고 싶은 건 다 하고 산다. 그 전에는 해보지 못했던 다양한 경험들도 많이 한다. 블로그를 통해서 내가 이전에 경험해보지 못했던 세계에도 눈을 뜨게 된 것이다.

해보고 싶은 걸 하며 사는 것은 너무 행복하다. 그런데 그걸 돈 걱정 없이 하고 있어서 금상첨화다. 나는 그래서 요즘 너무 행복하다. 당신도 나처럼 돈 걱정 없이 하고 싶은 걸 하는 삶을 꿈꾼다면 당장 네이버 블로그를 시작하라. 네이버 블로그를 통해 '노머니욜로' 라이프를 즐기는 게 얼마나 행복하고 짜릿한 일인 줄 온 몸으로 느껴보았으면 좋겠다.

사실 네이버 블로그가 평생 내 노머니욜로 라이프를 책임져 준다는 보장은 없지만 현재로써는 네이버 블로그가 노머니욜로 라이프를 즐기기에 최적의 도구이다. 혹여 인터넷, 마케팅 시장의 판도가 바뀌어 버린다 한들 난 걱정 없다. 그때는 또 다른 도구가 나의 노머니욜로 라이프를 지지해줄테니까. 그때까지는 네이버 블로그로 노머니욜로 라이프를 충분히 즐길 것이다.

"지혜! 돈 걱정 없이 하고 싶은 거 다해~〉〈!!"
"○○! 돈 걱정 없이 하고 싶은 거 다해~〉〈!!"
(○○에 당신의 이름을 넣어보자!)

ENJOY LIFE I

새로운
라이프 스타일

욜로족 vs
노머니족,
당신의 선택은?

2017년 트렌드 키워드로 떠올라 대한민국 라이프 스타일을 휩쓸어버린 욜로! 2017년도 하반기, 〈김생민의 영수증〉이란 혜성 같은 프로그램의 등장으로 욜로 라이프에 이어 대세로 떠오른 노머니 라이프!

지금 대한민국은 욜로족 아니면 노머니족이라 할 수 있다. 생활양식 및 소비 양식이 완전 둘로 쪼개졌다고 해도 과언이 아니다. 그런데 당신은 아직 당신이 진정으로 원하는 라이프 스타일이 어떤 쪽인지 종잡을 수가 없는가? 그렇다면 앞으로 내가 하는 이야기를 듣고 나서 결정해도 늦지 않을 것이다.

TV, 영화, 드라마, 뉴스 기사, 라디오, SNS 등 대한민국은 그야말로 '욜로 열풍'이 불었다. 그래서 욜로라는 단어를 모르는 대한민국 사람은 찾아보기가 힘들 정도이다.

YOU ONLY LIVE ONCE
인생은 한 번 뿐이야!

욜로의 유래를 살펴보면 이 문장 자체는 오래전부터 있어왔다. 줄임말인 'YOLO'는 2011년 Drake라는 가수의 〈The Motto〉라는 곡의 후렴 부분 가사로 등장해 전 세계적으로 유명해지게 되었다. 우리나라에서 욜로가 갑자기 뜬 계기는 김난도 교수의 책 《트렌드 코리아 2017》 중 2017년도 트렌드 키워드로 욜로가 등장했기 때문이다. 그 이후로 온갖 매체에서 욜로를 알리며 너도나도 다들 '욜로 욜로' 하게 된 것이다.

욜로라는 단어가 유행하기 전에는 영화 〈죽은 시인의 사회〉의 명대사인 "카르페 디엠(현재를 즐겨라)"이 유행했었다. 하지만 이제는 욜로 시대다. "카르페 디엠!"이라고 외치고 다니는 사람은 찾아보기 힘들지만 "욜로족이에요!"라고 외치는 사람은 찾아보기가 매우 쉽다.

구인구직 사이트인 알바몬에서 20~30대 성인 남녀를 대상으로 설문 조사를 진행하였다. '당신은 자신을 노머니족이라고 생각하는가 욜로족이라고 생각하는가.' 20~30대 성인 남녀 중 59.6%가 자신이 욜로족이라고 답변했다. 무려 20~30대 성인 남녀의 반 이상이 욜로족으로 살아가고 있다는 것. 20대의 경우는 61.5%가 자신이 욜로족이라고 답변하였다.

사람들이 자신을 욜로족이라고 답변한 이유는 다음과 같다.

하고 싶은 일은 일단 하고 보기 때문에.
남보다 자신을 더 소중히 여기기 때문에.

이어진 답변들도 보면 모두 다 자기 자신을 위한 삶을 살고 싶기 때문이라는 답변들이었다.

아무리 열심히 산다고 해도 미래에 부자가 된다는 보장도 없는 이 거지 같은 현실.

"하지만 난 하고 싶은 건 하며 살아야겠어!"
"남들이 어떻던, 뭐라고 하던, 내가 더 중요해!"
"난 나를 사랑해! 그러니 내가 행복해야 해!"

욜로족이 된 사람들은 불확실한 미래보다 지금 당장의 자신의 행복을 추구하는 사람들이다. 당장 언제 죽을지도 모르는 게 인생사인데, 이왕이면 행복하게 살고 싶다는 인식이 팽배해졌다. 이런 생각들이 판을 치며 욜로 노래까지 등장했다. 전 세계적으로 유명해진 방탄소년단의 노래 〈고민보다 Go〉의 가사 중 "YOLO YOLO YO 탕진잼 탕진잼 탕진잼"이란 가사가 나온다. 당대 최고의 아이돌마저도 한 번 사는 인생, 살고 싶은 대로 살아보자고 노래한다.

그러나 다들 욜로 욜로 하는 사회 분위기 속에서 사람들은 점점 '욜로 욜로 하다가 골로 가는 거 아니야'란 생각을 하기 시작했다. '욜로도 돈 있는 사람이나 하는 것이다' '아무리 미래가 불확실하다지만 아무런 생각 없이 돈 쓰다간 진짜 미래엔 아무것도 없게 되는 수가 있다' 등 욜로 라이프에 대한 걱정과 불신들이 스멀스멀 올라왔다. 그러던 차에 〈김생민의 영수증〉이란 프로그램이 수면 위로 떠오르며 크게 히트를 친 것이다.

김생민은 연예계 대표 짠돌이로서 "돈은 안 쓰는 것이다"라는 표어를 내걸고 사람들에게 악착같이 돈을 아끼고 모을 수 있는 조언들을 아낌없이 해줬다. 김생민은 커피는 남이 사줄 때나 먹는 것이고, 핫 요가는 집에서 방문 닫고 하면 되는 것이기 때문에 쓸데없는 소비는 하지 않고 월급의 반 이상을 저축해야 한다고 말했다. 그렇다. 김생민은 욜로를 즐기다가 골로 가지 않게 돈을 거의 안 쓰며 미래를 대비하는 '노머니족'인 것이다. 욜로족은 당장의 행복을 중요시 하는 사람들인 반면에 노머니족은 행복한 미래를 꿈꾸며 지금 당장의 행복은 잠시 미루어둔 채 죽을힘을 다해 돈을 아끼는 사람들이다.

2030 성인 남녀 중 40.4%는 노머니족이고, 30대의 경우 59.9% 가 노머니족을 선택하였다. 20대는 욜로족, 30대는 노머니족인 경우 가 많은 것이다. 아무래도 점차 나이가 들어가며 미래에 대한 불안감 을 많이 느끼기 때문일 것이다.

　설문 조사 중 노머니족을 선택한 이유 중 1위는 "현재의 즐거움보 다는 미래에 대한 준비가 더 중요하다"이다. 욜로족은 행복을, 노머 니족은 안전함을 추구하는 것이다. 당장의 행복과 미래에 대한 안전 함, 무엇이 더 중요할까? 당신은 이 선택지 중 무엇을 택할 것인가?

　나는 이 두 가지 중 쉽게 선택하지 못하였다. 너 무 극단적인 문제가 아닌가 싶었다. '당장의 행복 도 중요하고 미래에 대한 안전함도 중요한데 둘 다 가질 수는 없는 거야?'라고 생각했다. 흔히 두 마리 토끼 를 잡으려다가 둘 다 놓치고 만다고 말하곤 한다. 하지만 난 그 두 마 리 토끼를 꼭 잡고 싶었다.

그래서 난 노머니족도 아니고 욜로족도 아니다.

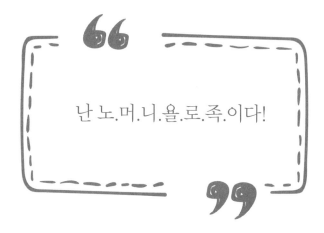

난 노.머.니.욜.로.족.이다!

난 노머니족이 원하는 미래에 대한 안전함과 욜로족이 즐기는 당장의 행복을 모두 추구할 수 있는, 두 가지 라이프 스타일의 장점만 쏙쏙 뽑아 낸 그런 라이프 스타일을 살고 있다.

욜로? 노머니?
나는
노머니욜로족이다!

당신에게 질문을 하나 하겠다.

만약 당신이 돈에 관해 걱정이 없는 사람이라고 한다면, 당신은 욜로족이 되겠는가? 노머니족이 되겠는가? 내 생각엔 아마도 이 질문에 100이면 100, 전부 욜로족의 삶을 택할 것 같다. 다시 현실로 돌아가 보자.

"욜로도 돈 꽤나 있다는 사람들이나 하는 거지, 뭐." "당장 먹고살기 힘든데 욜로는 사치 아닌가." "욜로 = 금수저들의 놀고먹고 아닌가?"

많은 사람들이 살아 있는 현재 이 순간에 충실하기 위해, 그래서 결국 나의 행복을 위해 욜로를 택하였다. 하지만 돈이라는 현실의 벽 앞에서는 또 다른 사람들은 욜로에 대해 의문을 품을 수밖에 없다. 결국 욜로도 돈이 많아야지 할 수 있는 라이프 스타일이라는 결론. 전부 다 돈! 돈! 돈! 돈이 많아야 행복한 삶을 살수 있다는 생각들로 귀결하게 된다.

사람들은 현재 자신들이 돈이 없기 때문에 욜로를 즐기지 못한다고 생각한다. 그래서 미래에라도 행복을 누릴 수 있도록 지금의 행복을 포기하고 미래를 준비하는 것이다. 현재를 희생하더라도 행복한 미래를 준비하는 라이프 스타일이 노머니족인 것이다. 티끌을 모아서라도 부자가 된다면 그게 곧 행복이라는 믿음으로 사는 노머니족들.

그렇다면 노머니족들의 삶을 한번 살펴보도록 하자.

프랑스 영화 〈페니 핀처〉에 나오는 바이올리니스트 프랑수아는 프랑스 짠돌이다. 그는 전기료가 아까워서 해가 진 후에도 불을 켜지 않는다. 그래서 창문으로 들어온 불빛으로 저녁 식사를 한다. 그리고 식비가 아까워 유통기한이 지난 음식을 먹기도 한다. 또 여성과 데이트할 때 고급 레스토랑에서 남은 음식을 직접 봉지에 싸온다. 그를 보면 돈을 아끼기 위해 체면이고 나발이고 전혀 개의치 않아 하는 모습을 볼 수 있다.

에이 설마 저렇게 까지 하겠어... 라고 생각하는가? 다른 나라 이야기이고 심지어 영화라서 믿지 못하겠는가? 영화나 드라마는 현실을 반영한다. 영화나 드라마보다 현실이 더 심한 경우가 비일비재하다만 이해를 돕기 위해 또 다른 사례도 한번 이야기해보겠다.

tvN 〈화성인 바이러스〉에 출연했던 자린고비 화성인의 일상을 살펴보자. 그는 전기세를 아끼기 위해서 집 안의 모든 콘센트를 빼놓는 건 기본이고 초인종의 전기세도 아까워 전원을 꺼둔다. 돈을 아끼기 위해 자신이 먹고 싶은 음식이 있어도 꾹 참아내고 대신 산에서 캐온 쑥 등으로 끼니를 연명한다. 그의 집에 있는 배달 책자는 먹고 싶은 욕구를 참기 위해 밥을 먹을 때 곁들여 보는 그림책이다. 그리고 돈을 아끼기 위해서 라면 세상과의 단절도 서슴지 않는다. 한 달에 4천 원이 아까워 인터넷을 끊어버린 그다. 친구들을 만날 때는 좀 괜찮아질까? 아니다. 밖에서 친구들은 맛있는 음식을 먹더라도 그는 집에서 싸온 도시락을 꿋꿋이 먹는다. 그의 짠돌이 습성은 정말 온 몸에 배어 있었다.

마지막으로는 노머니족의 아이콘이 된 연예인 김생민의 얘기를 해보자. 〈김생민의 영수증〉이란 프로그램에서 그는 소비 때문에 고민인 사연자에게 자신의 짠돌이 능력을 이용해 많은 충고와 조언을 건네준다. 김생민이 프로그램에서 말해준 주옥같은 솔루션들을 한번 살펴보자.

먼저 인생에 한 번뿐인 결혼식을 앞두고 한창 꾸미고 싶은 예비 신부가 페디큐어를 했다는 말에 김생민은 다음과 같이 말하였다.

"페디큐어 해봤자 웨딩드레스에 가려서 안 보여요. 그리고 바닷가에 놀러 가서는 모래로 가리면 됩니다."

또 4천 원짜리 쿠키를 먹은 영수증을 보며 이렇게 말하였다.

"쿠키 4천 원. 아니, 이게 뭐죠? 쿠키를 사 먹는 경우가 있나요? 너무 럭셔리하잖아요! 쿠키는 영어 사전에서나 찾아보는 거 아닌가요? 스펠링이 뭔지. C.O.O.K.I.E 쿠키. 쿠키는 이렇게 상징적인 의미죠."

돈을 내고 음악을 이용한 사연자에게 한 말도 대박이었다.

"3,300원은 뭐죠? 뒤에 '벅스'가 붙어 있네요. 음악 듣는 건가요? 3,000원에 부가세 10%가 붙어 3,300원인가요? 음악 듣는 것도 한 번 생각을 해보셔야 합니다. 절실함이 있으시다면 1분 미리듣기면 충분해요."

김생민을 비롯한 노머니족들의 라이프를 살펴보고 나는 경악을 금치 못했다. 아무리 행복한 미래, 안전한 미래를 위해 현재를 희생하고 포기한다고 하지만 이건 정말 너무하다 싶었다.

물론 〈화성인 바이러스〉에 출연한 자린고비 화성인과 김생민은 이렇게 짠돌이 생활을 하여 자신의 집을 마련하였다. 하지만 그들이 목표로 한 행복한 미래라고 할 수 있는 내 집이 있는 삶을 이루었음에도 불구하고 그들은 계속 짠돌이 생활을 하며 노머니족으로 살아가고 있다.

행복한 미래를 위해 노머니족으로 산 것인데 자신이 원하던 미래를 이루어냈으면서도 여전히 노머니족으로 살고 있는 건, 무슨 아이러니일까. 이제부터는 즐기며 살고 싶어도 그러면 또 예전처럼 힘들어질까 봐 계속 노머니 생활을 유지하는 것일까?

솔직히 나도 아버지의 영향으로 돈을 아끼는 습관이 몸에 배어 있다. 평소 데이트를 할 때에도 데이트 필수 코스라고 할 수 있는 카페에 가는 것도 사실 돈 아까워하는 사람이다. 솔직히 나도 평소 노머니족에 가깝다고 생각하고 있었는데 진짜 노머니족을 실천하고 있는 사람들을 보니 정말 당황스러웠다.

이렇게까지 아껴가며 얻은 행복한 결과들을 제대로 즐기지도 못하면서 과연 그게 의미가 있는 삶일까? 그리고 정말 체면, 인간관계 등 지금의 인생을 다 포기하며 소위 구질구질하다는 소리까지 들어가며 살아야 할까?

빅뱅 승리의 아빠는 승리가 가수가 되기 위해 광주에서 서울로 올라갈 때 이런 말을 해주었다고 한다.

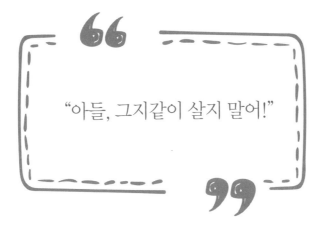

"아들, 그지같이 살지 말어!"

승리는 아버지의 "그지같이 살지 말어"라는 조언을 항상 머리에 새기며 살아왔고 현재 하고 싶은 취미, 하고 싶은 사업을 하며 인생도 즐기고 안정된 미래도 가지고 있다. 승리는 처음부터 금수저였던 게 아니다. 승리처럼 우리도 구질구질하지 않아도 인생 즐기며 안정된 미래, 행복한 미래를 대비할 수 있다!

'승리는 빅뱅이니까 그렇지. 완전 대박치고 성공했으니까 가능한 거지. 연예인이랑 일반인이랑 같겠어?' 당신의 머릿속에 불현듯 이런 생각들이 떠오를 것이다.

하지만 내가 반문하겠다.

여러분은 나를 아는가? 내가 엄청나게 유명한 연예인인가? 내가 재벌인가? 재벌도, 금수저도, 유명 연예인도 아닌 내가 노머니욜로 라이프를 살고 있다. 노머니욜로족이 되면 구질구질하게 짠돌이가 되지 않아도 된다. 하지만 욜로할 수 있다.

한국에서 욜로의 의미는 돈 걱정 없이 유흥, 쾌락을 즐기는 것, 또 자신이 감당할 수 없는 소비를 하는 것을 뜻한다고 한다. 아까도 말하였듯이 나는 김생민 정도까지는 아니더라도 평소에 진짜 검소하게 생활하는 게 몸과 머리에 박힌 사람이다. 하지만 나는 지금 욜로한다.

나는 내 돈을 안 쓰면서도 평소에는 내가 절대 하지 않았을 소비를 한다. 그리고 돈 걱정 없이 인생을 잘 즐긴다. 유흥, 쾌락 등 돈이 드는 것도 아주 잘 즐긴다는 소리다. 이게 바로 노머니욜로 라이프다.

이게 어떻게 가능하냐고?
도저히 믿을 수가 없다고?

그럼 이제부터 내가 살고 있는 일상들을 보여주겠다.

사진 인증까지 필수로 하니 과연 믿지 않을 수 있을까? 사진은 도용한 게 아니라 전부 내가 직접 찍은 사진들만 보여줄 것이다.

그럼 바로 나의 노머니욜로 라이프를 구경하러 가봅시다~!

제리핑크의
노머니욜로 라이프
일상 엿보기

제리핑크의 일상 _ 자기관리 편

운동

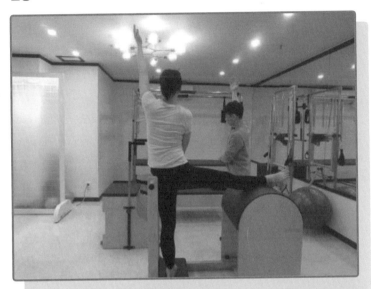

　아침에는 필라테스를 하며 찌뿌둥한 몸을 풀어주며 상쾌한 아침을 맞이한다. 1대1로 개인 레슨 받으며 운동하기도 하고, 파이팅! 하고 싶을 땐 여럿이서 운동도 하고! 또 연예인 운동으로 유명한 플라잉 요가도 해주는 센스!

외식

　　운동이 끝나면 바다가 보이는 테라스 딸린 카페에서 따사로운 햇
살을 받으며 우아하게 브런치를 먹는다. 보기만 해도 힐링 되는 예쁜
브런치들과 음료!

피부 관리

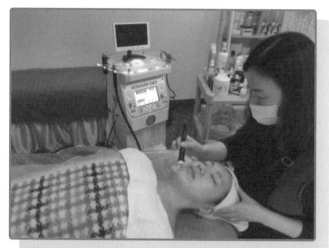

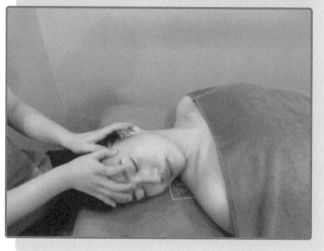

피부 관리는 일주일마다 꼬박꼬박 간다. 경락 마사지를 받기도 하
고 집중 피부 관리를 받기도 한다. 관리하는 내 피부는 꿀피부~

헤어 관리

　어디 피부 관리만 할 수 있나. 여자의 생명은 또 머릿결이니까 헤
어 클리닉도 받고, 천연 염색도 해주고, 매직도 해줘서 건강하고 세
련된 머리 연출하기!

제리핑크 일상 _ 데이트 편

남자친구와 커플링 만들기

캐릭터 수제 인형 만들기

요즘 완전 대세인 VR게임 하기

둘만의 영화 데이트

매번 다양한 이색 데이트를 즐길 수 있어 너무 행복한 우리 커플!

열심히 데이트 한 당신 먹어라! 데이트 하느냐고 배고팠을 위장을
위해 맛있는 음식 가득 선물하기! 데이트 하며 맛집 투어 하는 재미
도 완전 쏠쏠!

밥 먹고 나서 노곤하고 피로한 몸을 위해 커플 마사지도 받는다.
마사지 카페를 가기도 하고, 마사지 샵을 가기도 한다. 마사지 샵에
서는 커플 마사지 풀코스를 즐긴다. 남자친구와 함께 와인 한잔하며
마사지 받으니까 재미와 기분은 더 업 업!

　　하루 데이트의 마무리로는 호캉스(호텔 + 바캉스) 즐기기! 좋은 호텔에 가서 푹 쉬워준다!

제리핑크의 일상 _ 효도 편

엄마랑 같이 웨딩드레스 카페에 가서 웨딩드레스 입고 논 적도 있
다. 사랑스러운 우리 모녀〉〈!

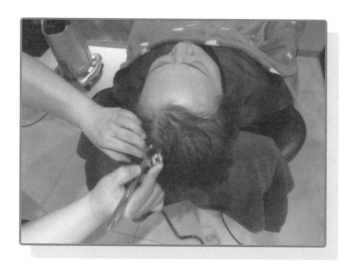

엄마와의 데이트 마지막은 엄마 탈모 두피관리 해드리기!

비싼 가족 사진 비용 때문에 10년 간 미루고 미루다 내 덕에 새로
찍은 가족 사진!

틈틈이 가족끼리 맛있는 거 먹으러 가기!

ENJOY LIFE II

당신이
노머니욜로를
해야 하는
5가지 이유

돈에서
자유로운 삶

돈에서 자유로운 삶이란 무엇일까?

나는 이렇게 생각한다. 돈에서 자유롭게 산다는 것은 내가 하고 싶은 것을 돈 걱정 없이 할 수 있다는 것! 그렇다면 내가 돈 걱정 없이 하고 싶은 것이 무엇일지 생각해보자.

20대 여성 중 한 명인 내가 하고 싶은 것들을 예로 들어보겠다.

나는 나의 외모를 꾸미는 것에 관심이 많다. 요즘에는 메이크업보다는 자연스러운 아름다움을 추구해서 피부 관리에 열중이다. 또 패션과 헤어에도 관심이 많다. 나를 예쁘게 꾸미는 것도 좋지만 나의 예쁨을 보여줄 남자친구를 만나는 것도 좋다. 남자친구와 만나서 데이트하는 것은 나의 행복 중 하나이다. 또 나를 키워주시고 돌봐주신 부모님께 효도도 자주 하고 싶다.

내가 좋아하고 관심 있는 걸 바탕으로 내가 하고 싶은 것을 하나씩 말해보자면 첫째는 자기관리, 둘째는 데이트, 셋째는 효도이다. 내가 만약 이 세 가지 것들을 돈 걱정 없이 다 할 수 있다면 나는 돈에 상관없이 자유롭게 즐기며 행복하게 산다고 말할 수 있겠다.

나는 앞서 내가 사는 노머니욜로 라이프 일상을 보여주었다. 내가 하고 싶은 자기관리, 데이트, 효도 전부 다 노머니로 한 것이다. 그럼 적어도 나는 돈에 상관없이 자유로운 삶을 살 수 있다고 말할 자격이 있지 않을까?

그렇다면 이제는 당신이 돈에서 자유로운 삶을 살 차례이다. 돈에서 자유로운 삶을 살기 위해 우선 당신이 하고 싶은 것들을 생각해보자.

지금은 그냥 하고 싶은 게 뭔지만 정하면 된다. 다음 장에서 어떻게 돈 걱정 없이 하고 싶은 것들을 다 할 수 있는지 상세히 말해줄 테니 지금은 그냥 당신이 무엇을 원하는지에만 집중하도록 하자.

당장 하고 싶은 게 뭔지 떠오르지 않는다면 먼저 어떤 것에 관심이 있고 좋아하는지 생각해보자. 요즘 계속 어떤 정보를 찾아본다든지, 어떤 얘기만 나오면 귀가 기울여지고 눈이 간다든지, 아니면 진짜 이것만은 내 마음대로 할 수 있다면 정말 좋겠다 하는 것들을 하나씩 적어보면서 하고 싶은 것들을 구체화시켜보자.

직접 아래의 빈칸을 채워 나가보자.

당신이 하고 싶은 것들

당신이 하고 싶은 것들이 바로 떠오르면 좋겠지만, 만약 내가 뭘 하고 싶은지 잘 떠오르지 않는다는 분들을 위해 요즘 사람들이 많이 하고 싶어 하는 것들, 사람들이 돈을 많이 쓰는 분야에 대해서 알아보도록 하자.

당신의 가계부나 영수증을 보면 유독 지출이 많은 분야가 있을 것이다. 그게 당신이 좋아하고 하고 싶어 하는 것일 확률이 매우 크다. 먹는 것을 좋아하는 사람들은 식비에 돈을 많이 쓰고, 패션에 관심이 많고 좋아하는 사람들은 옷, 액세서리 등에 돈을 제일 많이 쓰는 게 당연한 일이지 않겠나?

설문 조사 전문 업체 엠브레인에서 남성과 여성을 대상으로 실시한 "나를 위한 '작은 사치' 중 가장 비용이 많이 드는 것은?"이란 설문조사에서 여성의 작은 사치 1위는 디저트 등 외식비, 2위는 미용 비용, 3위는 액세서리 구입비였다. 남성의 작은 사치 1위는 IT/전자 제품 구입비가 차지하였고 2위는 운동, 공연 등 취미 생활, 3위는 디저트 등 외식비가 차지하였다.

지출이 많은 분야를 통해 사람들이 많이 원하는 것을 알아보았다면 이번에는 반대로 지출을 안 하는 분야를 통해 사람들이 원하는 것을 알아보고자 한다. 지출을 안 하는데 뭘 원한다는 거냐고 할 수도 있지만 오히려 생각해보면 지출이 너무 많기 때문에 지출을 하지 않기로 결심한 것일 수 있다.

요즘에 2030 세대를 보고 'N포세대'라고 말한다. 예전에는 3포세대였는데 점차 5포세대, 7포세대 이제는 포기할 게 너무 많아져 N포세대가 되어버렸다. 취업난과 경제적 어려움으로 인해 하고 싶은 많은 것들을 포기해야하는 것이다.

취업포털 '사람인'이 20~30대 성인 남녀 955명을 대상으로 '취업난과 경제적 어려움 등으로 포기한 것이 있는지 여부'에 대해 조사한 결과, 75.7%가 '포기한 것 있다'라고 답했다.

포기한 것들 중 1위는 취미 및 여가활동이었다. 뒤를 이어 결혼, 연예, 자기계발, 외모 관리 등을 포기했다고 답했다. 설문 조사에 참여한 이들 중 71.4%는 포기한 것으로 인해 스트레스를 받고 있었다. 이들이 포기한 것들은 정말 하고 싶은 것들이지만 그놈의 돈 때문에! 돈이 많이 들기 때문에 포기한 것이다.

위의 두 설문 조사 내용을 종합해보면 사람들이 가장 원하는 것은 자신의 취미 생활이라고 할 수 있다. 그 취미 생활이 먹는 즐거움 일 수 있고, 자기 관리를 하는 것일 수 있고, 패션 아이템을 사는 것일 수 있다. 또 운동, 문화 공연을 즐기는 것이나 전자기기를 사 모으는 것일 수도 있다. 이 밖에도 취미는 무궁무진하게 많을 것이다.

이제 당신은 당신이 하고 싶은 취미 생활을 마음껏 즐기기만 하면 된다! 취미 생활을 돈 걱정 없이 마음껏 즐길 수 있도록 노머니욜로가 도와줄 것이다. 정말 생각만으로도 행복하지 않는가?

취미 생활을 즐기며 요즘 트렌드인 소확행(소소하지만 확실한 행복)도 마음껏 누리자. 또 워라밸(work and life balance) 하며 일만 하지 말고 취미 생활, 여가 생활 즐기며 힐링 하자! 당신은 힐링 할 자격이 충분하니까!

다음 절에서는 돈 걱정 없이 욜로 하는데 어떻게 통장이 '텅장'이 되지 않는지에 대해서 알아보도록 하겠다.

욜로 해도
통장 잔고는 만땅!

요즘 '욜로 하다간 골로 간다'며 일명 욜로족을 골로족이라고도 부르고 있다. 하지만 노머니욜로는 욜로 해도 골로 가지 않는다! 왜냐? 말 그대로 노머니로 욜로 하기 때문이다. 돈을 쓰지 않고도 욜로 하는데 어떻게 골로 갈 수 있을까?

욜로 하며 골로 가는 사람들은 바로 자신의 소득은 생각하지 않고 무작정 욜로 하는 데만 집중한다. 그래서 자신의 소득에 맞지 않는 과소비를 일삼게 된다. 그렇기 때문에 욜로 해서 골로 가는 것이다.

하지만 우리 노머니욜로족은 어차피 돈 없이 욜로 하는 것이기 때문에 과소비를 할 일이 애초에 생기지가 않는다! 정말 놀랍지 않는가? 욜로 하면서 내 통장이 텅장이 되지 않고 잔고가 가득가득 쌓인다니! 이러니 노머니욜로를 안 할 수가 없게 된다. 이제 욜로족들은 괜히 골로족이라고 욕 먹지 말자! 당당하게 욜로를 즐길 수 있도록 노머니욜로 하면 된다!

그러면 욜로족과 반대인 노머니족들은 어떨까? 노머니욜로를 모르는 그냥 노머니족들은 통장에 잔고를 쌓기 위해서 먹을 거 안 먹고, 입을 거 안 입고, 친구도 만나지 않고, 모든 걸 포기해버리는 생활을 하고 있다. 소위 지지리 궁상을 떨면서 한 푼 한 푼 모으는 것이다.

우리 노머니욜로족들은 즐길 거 다 즐기는데… 진짜로 제대로 욜로 하면서 돈도 차곡차곡 모으는데… 이런 우리가 노머니족들을 보면 그냥 안타까울 뿐이다. 그래서 나는 노머니족들에게 말하고 싶다.

NoMoney
YOLO

미래를 대비하는 거 좋습니다!
헛된 소비하지 않고 돈 열심히 모아
미래에 행복해야죠!

하지만 지금의 행복도
미래의 행복 못지않게 매우 중요합니다.
노머니욜로 하면 미래의 행복도 준비할 수 있고
더불어 현재의 행복도 누릴 수 있습니다!

노머니족 여러분,
이제 노머니욜로족 하세요!

그렇다 노머니욜로는 미래의 행복, 현재의 행복 둘 다 잡을 수 있다. 현재의 행복을 뜻하는 말로 욜로를 쓰고 있는데, 비슷한 뜻으로 '탕진잼'이라는 단어도 있다. 탕진잼은 그냥 하고 싶은 데에다 돈을 다 탕진해버리는 것이다.

미국 카네기 멜론대학의 조사 결과에 따르면 "사람은 슬플 때 뭔가를 더 사고 싶다"고 한다. 기분이 슬픈 사람은 그렇지 않은 사람보다 무려 30%가량 더 많은 지출을 한다는 결과가 나왔다. 미국 카네기 멜론대학 연구팀은 연구 결과에 다음과 같은 말을 남겼다.

"기분이 우울하거나 슬프고 자신에 대한 생각에 잠긴 사람들은 자신의 가치를 평가 절하해 자신의 가치를 높이기 위한 방법으로 물건을 사 들인다."

엄청난 취업난을 뚫고 겨우 취직했는데도 여전히 현실은 지옥이다. 4차산업혁명 시대를 역행하는 듯한 대한민국은 여전히 야근을 일삼는다. 그에 반해 월급은 오르지 않고 물가만 오른다. 그러니 스트레스가 극에 달해 탕진잼으로 스트레스를 해소하는 것이다. 당장 스트레스를 풀 수 있는 방법은 쇼핑이기 때문에 탕진잼으로라도 행복해지려는 것이다.

미국 미시건대학교의 연구 결과에 따르면 "슬플 때 쇼핑을 하면 슬픈 감정이 줄어들고, 단순히 상품을 구경할 때보다 구매할 경우 3배 더 행복감을 느낀다"고 한다. 그리고 쇼핑을 하는 사람들의 심리 상태를 조사한 결과, 무언가를 사는 행동이 통제력을 회복하는 데 40배까지 효과가 있다고 분석했다. 또 앞선 연구를 통해 쇼핑하는 것이 동기 부여에도 도움이 되는 것으로 나타났다.

스트레스를 쇼핑으로 푸는 것은 나쁜 것이 아니다. 쇼핑을 통해 슬픈 감정도 줄어들고, 행복감도 느낀다. 그리고 통제력과 동기부여에도 도움이 되는 이런 소비 활동은 권장하고 싶다. 하지만 쇼핑에 너무 많은 돈을 탕진하는 것은 나쁘다. 정말 지금만 생각하는 행동이기 때문이다. 노머니욜로족은 지금도 중요하지만 미래도 중요하게 생각한다.

쇼핑으로 당장의 스트레스도 풀면서 통장은 안전하게 지킬 수 있는 노머니욜로족의 탕진잼 비법을 알려주도록 하겠다. 노머니족에게서 절대 떼래야 뗄 수 없는 단어가 있다면 바로 '짠테크'(짠돌이+재테크)이다. 그렇다면 노머니욜로족에게 필수불가결한 단어는 무엇일까? 바로 '체험단'이다!

'체험단'이란 업체에서 제품이나 서비스 등을 무상으로 제공하면 제품이나 서비스를 사용한 체험단(고객)은 사용 후기를 남기는 방식으로 진행되는 것을 말한다. 포털 사이트에 '체험단'이라고만 검색해도 수많은 글들이 쏟아진다. 그만큼 체험단의 수는 무궁무진하다. 난 그중에서도 '블로그 체험단'을 주로 이용하고 추천하는데 그 이유는 뒤에서 더 자세히 설명하도록 하겠다.

아무튼 이 체험단을 모집하는 글만 해도 그 개수가 어마어마하기 때문에 체험단을 모집하는 글들만 모아 놓은 체험단 사이트가 따로 존재한다. 그리고 이쯤이면 이제 슬슬 눈치를 채셨을 것 같은데… 그렇다! 나는 쇼핑으로 탕진잼 하는 대신에 체험단 활동을 통해 탕진 잼에 버금가는 스트레스 해소 효과를 누리고 있다!

체험단 모집 사이트에 들어가면 엄청나게 많은 종류의 제품 및 서비스의 체험단을 모집하는 글들을 볼 수가 있다. 나는 그중에서 내가 하고 싶은 체험을 선택하고 신청한다. '이게 어떻게 탕진잼이랑 비교가 되나요? 당장 손에 물건이 생기는 것도 아니잖아요!'라고 말할 수도 있겠다.

하지만 여러분은 오프라인에서만 쇼핑 탕진잼을 하는가? 요즘엔 오프라인 쇼핑보다 온라인 쇼핑을 더 많이 한다. 그리고 온라인 쇼핑을 한다고 해서 탕진잼을 느낄 수 없는 것도 아니다. 온라인 쇼핑 결제를 완료하는 순간 나는 탕진잼의 희열을 느꼈다. 그리고 더불어 택배를 기다리는 설렘까지 느낄 수 있다. 체험단도 온라인 쇼핑과 비슷하다고 볼 수 있다.

체험단을 신청하는 순간, 결제할 때처럼 짜릿함을 느낄 수 있고, 체험단 당첨 메시지가 올 때까지 기다리는 시간들이 너무나 설렌다. 당신은 이렇게 체험단을 통해 탕진잼의 희열을 느낄 수도 있고, 돈을 쓰지 않고도 하고 싶은 것을 하는 욜로도 할 수 있다. 그리고 열심히 일을 해서 벌어들인 돈은 통장에 차곡차곡 쌓아두면 된다!

이게 바로 '욜로 하며 텅장 안 되는 노머니욜로 라이프의 비결'이다!

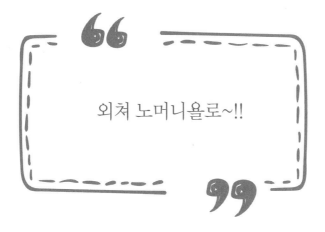

외쳐 노머니욜로~!!

대한민국 최저시급은
7,530원
노머니욜로 시급은
100,000원

2017년도 최저시급은 6,470원이었다. 2018년도 최저시급은 7,530원으로 1,060원이나 인상되었다. 최저시급이 인상되면서 이제 살기 편해지나 싶었다. 하지만 최저시급이 오르기 전보다 삶은 더 힘들어졌다. 최저시급이 오름에 따라 영세한 가게들은 인건비에 부담을 느끼고 인건비를 줄이기 위하여 알바 시간을 줄여버렸다. 알바 시간을 줄여버리면 최저시급이 인상된 의미가 없어진다. 또 경기가 악화됨에 따라 매출이 나지 않아 문을 닫는 가게도 많아지면서 아르바이트를 구하기조차 힘들어진 상황이다. 최저시급이 올랐지만 알바생들은 더욱 힘들어졌다.

  힘든 건 어디 알바생뿐이겠는가?

  법정 근로시간이 주 68시간에서 52시간으로 줄어듦에 따라 월급을 받는 노동자들도 월급이 평균 35만원씩 줄었다. 물가는 점점 치솟듯 오르는데 받는 돈은 줄어드니 도대체 어떻게 올바른 소비생활이 가능할까? 이러니 욜로족과 노머니족처럼 극명한 소비 행태가 나타나는 것이다.

그래도 알바생보다는 취직한 월급쟁이들이 낫지 않겠냐고?

월급쟁이들도 힘든 건 마찬가지이다. 신한은행이 발표한 '2018 보통사람 금융생활 보고서'에 따르면 사회초년생들은 평균 196만 원의 월급에서 생활비 등 소비에 106만 원, 부채 상환에 22만 원, 저축·투자에 71만 원 등 월 평균 총 199만 원을 지출하고 있었다. 월급보다 지출이 3만 원이 더 많은 마이너스 생활이다.

사회초년생이라 그렇다고?

"연차가 높아질수록 월급이 많아지나 지출액도 함께 늘어나 입사 3년 차가 되어서도 지출액은 월급을 초과하고 있다."는 연구 결과가 나왔다. 사회초년생들의 이 같은 재정난은 소득 활동을 하고 있는 전체 20~30대 1인가구까지 이어진다. 범위를 넓혀 전체 20~30대 미혼 근로자 1인가구는 월 평균 220만 원을 벌고 있지만 약 절반인 109만 원을 생활비, 주거비 등에 소비하고 있었다.

이들은 부채 상환에 24만 원, 저축에 72만 원을 지출해 월 평균 15만 원 정도를 남기는 생활을 하고 있다. 20~30대 미혼 1인가구의 32.1%는 근로·사업 소득을 84만 원 초과 지출해 적자 생활을 하고 있으며, 잉여자금이 한 푼도 없는 생활을 하고 있어 가족의 지원이나 대출을 받지 않고 생활하기 어려울 것으로 예상된다. 매월 버는 것보다 더 쓰는 적자 생활을 이어나가고 있는 것이다. 또 이들의 43.0%는 소득 활동을 하고 있지만 부모 등 가족으로부터 물질적 지원이나 현금 등 경제적 지원을 받고 있다고 답했다. 가족의 도움 없는 완전한 독립은 이루어지지 않고 있는 셈이다.

심지어 청년층은 은퇴한 노년층보다 평균 월급이 더 적었다. 통계청에 따르면 연령별 평균 월급은 50대(386만 원), 40대(383만 원), 30대(319만 원), 60세 이상(256만 원), 29세 이하(215만 원) 순이었다.

이런 당장의 생활하기도 빠듯한 상황에서 어떻게 욜로를 할 수 있겠는가? 욜로도 돈 있는 사람들의 전유물이란 말이 나올 수밖에 없는 현실이다.

"그래도 투잡도 뛰고 부업도 해서 좀 더 열심히 돈을 벌면 되지 않을까요?"라고 반문할 수 있다. 그래서 부업하면 도대체 얼마나 벌 수 있는지 조사해보았다.

KBS 2TV 프로그램 〈속보이는TV 人사이드〉에서는 부업으로 하루를 보내는 80년대 농구 스타인 김영희 선수의 모습이 공개됐다. 김영희 선수가 부업을 통해 한 달에 버는 돈은 20~30만 원정도. 몸이 아파서 집에서 하루 종일 부업을 해도 돈은 고작 20~30만 원 정도밖에 못 번다. 하루 종일 소파에 앉아서 부업을 하는 김영희 선수를 보고 김영희 선수의 어머니는 생전 "예전에는 영희가 부업을 하다가 장이 꼬여서 입원을 한 적이 있어요"라며 걱정을 했다고 한다. 심지어 김영희 선수는 아픈 몸으로 번 부업 월급으로 빵집, 슈퍼 등에 들러 한가득 장을 봤고 그것들을 동네 어르신들에게 무료로 나눠드리는 정을 베풀기도 한다.

하루 종일 부업을 해도 20만원 남짓. 그마저도 자기가 하고 싶은 일을 하면 얼마 남지도 않고 응급 상황이라도 닥치면 수중에서 바로 사라져버릴 수 있다. 그런데 직장을 다니거나 알바를 하면서 어떻게 부업을 할 수 있겠는가? 백수가 아니고서는 불가능하다. 아무리 백수라 치더라도 하루 종일 고생 고생해서 부업을 하다가는 병원비가 더 나갈지도 모른다.

나는 이런 사람들에게 노머니욜로를 추천하고 싶다.

1. 현재 소득 대비 지출이 너무 많은 사람

2. 하고 싶은 것은 많지만 당장 생활에 쪼들려
   다 포기한 사람

3. 부업을 하고 싶지만 시간이 부족해 망설이는
   사람

4. 백수라 할 일은 없지만 생활에 보탬이 되고
   싶은 사람

5. 평소 못 해본 것들을 하고 싶지만 돈은 쓰기
   싫은 사람

6. 쉽고 간편하게 돈을 아끼는 방법을 찾는 사람

7. 욜로 하지만 골로 가지 않기를 원하는 사람

　사실 노머니욜로는 누구나에게 다 추천할 만한 라이프 스타일이다. 너무나도 매력적이기 때문이다. 왜냐? 제목 그대로 최저시급은 7,530원인데 노머니욜로 시급을 환산하자면 10만 원 이기 때문이다! 시급이 이렇게 높다는데 싫어할 사람이 있겠는가?

　노머니욜로 시급이 어떻게 10만 원이 나올 수 있는가 한번 자세히 살펴보자. 우선 앞에서 얘기했듯이 나는 체험단으로 노머니욜로를 한다. 그리고 나는 주로 자기 관리 쪽을 많이 선호한다. 마사지라든지 피부 관리 등을 자주한다. 마사지, 피부 관리의 가격은 한 회당 10만 원 내외이다. 물론 체험을 하고 나서 체험 후기를 작성해야 한다.

　체험 후기를 작성하는 데 걸리는 시간과 체험하는 것의 비용을 시급으로 계산해보자. 나는 후기를 적는 데 1시간이 채 걸리지 않는다. 물론 처음에는 조금 더 시간이 걸렸지만 지금은 숙달되어서 10분 만에 후기를 작성할 때도 있다. 넉넉잡아 한 후기 작성 당 30분 정도 걸린다 치자. 그럼 30분에 10만 원이다. 나는 시급이 더 높게 책정되지만 일반적인 사람들의 후기 작성 시간을 고려해서 1시간에 시급 10만 원이라고 한 것이다. 정말 대단하지 않은가?

사실 아직 놀라긴 이르다. 나는 보통 체험단을 하루에 하나씩만 하는 게 아니라 기본 2~3개씩 하기 때문에 단가는 더욱 올라간다고 할 수 있다. 예를 들어 피부 관리 10만 원, 헤어 관리 15만 원, 저녁 식사 5만 원어치 체험이면 그날 하루에 나는 30만 원어치나 누린 것이다. 하지만 앞서 말했듯이 후기 작성 시간이 넉넉잡아 3시간 정도 걸린다 쳐도 시급은 10만 원이 된다.

회당 10만 원짜리 피부 미용을 받고 싶을 때
일반 사람과 체험단을 하는 사람의 차이점은?

본인이 직접 알바해서 10만 원 충당할 경우
→ 하루에 최소 14시간 노동 시 가능

피부 관리 체험단을 이용할 경우
→ 공짜로 피부 관리 받고 30분 ~ 1시간
  정도 투자해서 후기 작성

∴ 당신의 노머니욜로 시급 : 100,000원

어떤가? 최저시급 7,530원으로 열심히 개미같이 일해서 하루하루 빠듯하게 살아갈 것인가 아니면 돈 한 푼 안 들이고 베짱이처럼 즐길 거 다 즐기는 생활을 누릴 것인가? 선택은 당신의 몫이다. 하지만 나라면 이런 대박적인 삶의 방식을 알았다면 그냥 지나치지 않을 것이다.

　그런데 이미 당신 빼고 많은 사람들이 노머니욜로 생활을 즐기고 있다면 믿겠는가? 당신도 이미 이런 사람들을 알고 있다. 단지 알고 있던 단어가 노머니욜로가 아니었던 것뿐이다. 자세한 이야기는 다음 장에서 하도록 하자.

29만 명은
이미 노머니욜로족!

노머니욜로족이 29만 명이나 된다고?

노미니욜로족이란 말도 생소한데 어떻게 이렇게나 많은 사람들이 벌써 하고 있다는 말이지? 앞서도 말했지만 노머니욜로족이란 단어가 생소할 뿐 이미 많은 사람들은 노머니욜로 라이프를 즐기고 있다. 아직도 이 사실이 믿기지 않는 당신을 위해서 팩트 체크 들어가 보도록 하겠다.

우선 이 책에서 말하는 노머니욜로 라이프는 네이버 블로그를 이용한다. 네이버 블로그를 통해서 돈 한 푼 안 들이고 하고 싶은 것을 하는 것이다. 네이버 블로그로 어떻게 노머니욜로를 할까? 블로그로 노머니욜로 하는 방법으로는 블로그 체험단과 블로그 서포터즈가 대표적인 예이다. 블로그 서포터즈는 대학생들이 주로 대외 활동을 위해서 많이 하는 활동이지만 서포터즈의 경우에도 물품을 제공하거나 현금을 지급하는 경우가 종종 있어 포함시켰다.

하지만 이 책에서 주목할 것은 바로 네이버 블로그 체험단이다. 블로그 체험단은 블로거(블로그 이용자)가 블로그 체험단 모집 사이트에 직접 들어가서 체험단 신청을 하는 경우가 있다. 또 개인적으로 쪽지나 메일이 와서 체험단 신청을 하는 경우도 있다.

개인적으로 체험단 섭외 연락이 오는 경우는 아무래도 그 횟수가 적다 보니 블로그 체험단을 모집하는 사이트 위주로 설명을 하겠다. 현재 블로그 체험단 사이트 중 1위인 곳이 바로 '위블'이라는 사이트이다. 이곳은 2006년 위드블로그로 시작하여 10여 년 이상 블로그 체험단을 진행한 곳이다.

오래된 블로그 마케팅 업체로 얼마 전 웹사이트 형식으로 개편하였다. 체험단 모집과 신청이 한 눈에 보기 쉽게 되어 있고 커뮤니티도 활성화되어 있기 때문에 블로거들이 가장 많이 이용하는 블로그 체험단 사이트라고 할 수 있다. 물론 나도 애용중인 블로그 체험단 사이트이다. 위블은 현재 29만 명의 블로거들이 이용 중이다.

그럼 일단 노머니욜로 블로거 29만 명 확보! 하지만 모든 블로거들이 위블을 사용한다고 할 수 있는가? 그렇지 않다. 분명 위블을 모르는 블로거들도 많을 것이다. 위블 말고도 블로그 체험단 업체가 매우 많기 때문이다. 네이버 검색광고에 등록된 블로그 체험단 업체의 수만 하더라도 100여 곳이다.

그런데 검색광고에 등록되지 않는 블로그 체험단들도 많다. 웹사이트 형식이 아닌 카페나 블로그로 운영하는 곳들도 많기 때문이다. 또 이런 업체들 말고도 각 브랜드에서 직접 블로그 체험단을 모집하는 경우도 굉장히 많다.

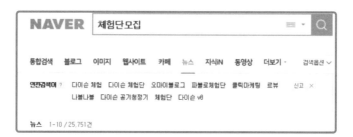

코재수술 보험료 선택에 주의해야… 녹연골 코성형 체험단 모집
오가닉라이프신문　1시간 전
현재 부산 서면 강남비흡성형외과에서는 녹연골 코성형 체험단을 모집하고 있다. 외모에 대한 콤플렉스로 혹은 코로 인한 문제로 코성형을 생각하고 있거나 첫 수술의 실패에 대한 아픔을 지우기 위해 코재수술을 생각하는…

자담선 '몸이 반한 곤약 젤리' 출시기념, 제1기 브랜드체험단 모집
베타뉴스　8시간 전
종합식품전문기업 ㈜인이스홀딩스(대표이사 : 김용주)의 자담선 '몸이 반한 곤약'이 제품 출시기념으로 소비자를 대상으로 '몸이 반한 곤약' 제1기 브랜드체험단을 모집한다고 15일 밝혔다. 자담선 '몸이 반한…

다이슨, 퓨어 쿨™ 공기청정기 등 3월 출시한 신제품 메가 체험단 모집
서울경제　2일 전　네이버뉴스
다이슨 싸이클론 V10™ 무선청소기, 다이슨 퓨어 쿨™ 공기청정기 100인의 메가 체험단 모집 [서울경제] 영국의 기술 기업 다이슨(Dyson)이 지난 3월 출시한 '다이슨 퓨어 쿨™ 공기청정기' 등 신제품 메가 체험단…
└ 다이슨, 네이버와 함께 3월 출시 신…　아시아경제　2일 전　네이버뉴스
└ 다이슨 '무선청소기·공기청정기' 100…　이데일리　2일 전　네이버뉴스
└ 다이슨, 싸이클론 V10™ 무선청소기…　세계일보　2일 전　네이버뉴스
└ 다이슨, 싸이클론 V10™ 무선청소기…　한국경제　2일 전　네이버뉴스
관련뉴스 16건 전체보기>

구글에서 '체험단 모집'이라고 검색해본 결과 5백만 개가 넘는 검색결과가 나왔다.

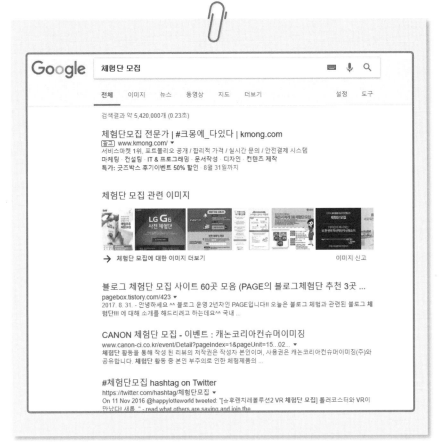

　위의 내용을 종합해보면 현재 블로그 체험단을 통해 노머니욜로를 하고 있는 사람은 '29만 명 + a'라고 할 수 있다. 이렇게 숫자로 결과를 말했는데도 불구하고 아직 뭔가 피부로 와 닿지 않는가? 진짜 이런 사람들이 많다고?

　그렇다면 당신이 훨씬 더 알아듣기 쉽게 다른 예를 들어볼까 한다. 대한민국 검색포털 사이트 중 사람들이 가장 많이 사용하고 있는 네이버! 당신은 네이버를 통해서 한 번이라도 검색을 해보았을 것이다. 네이버에서 궁금한 것을 검색한 후 주로 상단에 있는 검색 결과들 위주로 탐색해봤을 것이다. 애써서 막 10페이지 이상의 검색 결과를 보는 사람은 잘 없을 것이다. 네이버의 검색 정확도 기준으로 좋은 정보들이 주로 위에 뜨는 것이라고 무의식적으로 다들 생각하기 때문이다.

　네이버에서 검색하면 사이트링크 등을 제외하고는 주로 블로그가 검색결과 상위에 뜬다. 그럼 자연스레 당신은 블로그를 클릭하게 된다. 검색해서 한 곳만 클릭하고 마는 일은 거의 없을 것이다. 당신이 원하는 정보를 찾을 때까지 계속 다른 검색 결과들을 클릭해볼 것이다.

당신은 블로그 포스팅을 서핑하다가 포스팅 가장 하단부에서 이런 문구를 종종 보았을 것이다. "이 제품은 ○○ 업체를 통해 무상으로 제공 받은 후 작성된 리뷰입니다." 자세한 단어와 말투는 차이가 있겠지만 내용은 주로 비슷하다.

요즘에는 블로그 포스팅에서 이런 문구들을 심심찮게 볼 수 있다. 그래서 사람들이 이런 문구 때문에 이제는 블로그 글을 볼 때 제일 먼저 하단부 문구부터 확인하고 읽는다는 말도 한다. 그만큼 이 문구를 많이 보았다는 얘기가 된다. 또 요즘에는 오히려 이런 문구가 없는 블로그 포스팅을 찾기가 더 힘들 때도 많다.

위의 문구들은 블로거들이 블로거 체험단을 이용했다는 일종의 증명 같은 것이다. 당당하게 제품이나 서비스를 제공 받고 정직하게 후기를 작성했다는 것이다. 말 그대로 블로그 체험단이니까 체험을 해보고 후기를 작성해 정보를 공유하는 것이다. 그것의 표시가 바로 위의 문구이다.

이 문구들이 들어간 글들은 다 블로그 체험단을 이용했다는 말이다. 어떤가? 이제 노머니욜로하는 사람들이 많다는 게 실감이 나는가? 이렇게도 블로그를 통해 노머니욜로를 하는 사람들이 많은데 당신은 무얼 하고 있나? 혹시라도 괜히 부러워서 일부러 깎아내리고 있거나 욕하고 있다면 그럴 필요가 없다. 당신도 그냥 하면 된다!

　　블로그야 말로 진짜 평범한 사람들도 협찬 받을 수 있는 그래서 가장 쉽게 노머니욜로 할 수 있는 방법이기 때문이다. 파워블로거들만 가능한 거 아니냐고? 절대 아니다. 이 부분에 관한 이야기는 다음 장에서 자세히 말하도록 하겠다.

평범한 일반인도
협찬 받을 수 있으니까!

협찬 하면 보통 어떤 단어들이 떠오르는가? 아마도 가장 먼저 떠올리는 게 바로 '연예인 협찬'일 것이다. 또 요즘에는 연예인에 버금가는 인기를 누리는 인플루언서들에게도 협찬이 많이 들어간다. 인플루언서 협찬을 예로 들면 인기 유튜버나, 파워 인스타그래머, 파워 블로거등에게 협찬을 하는 것이다.

협찬을 받는 사람들을 보면 다들 그 분야에서 유명 인사라고 할 수 있다. 연예인들이 협찬을 많이 받지만 아무 연예인이나 협찬을 받을 수 있는 건 아니다. 인기 있는 연예인에게는 많은 협찬이 들어오지만 인기 없는 무명 연예인들은 협찬을 받기가 무척 힘들다. 게다가 인기 있는 연예인이 받는 협찬은 정말 그 종류가 아주 다양하다. 먹는 것부터 시작해서 입는 것들은 물론이고, 심지어 비행기 표, 결혼식 소품, 장소 협찬 등등 무수한 것들을 협찬 받는다.

계속해서 인플루언서 협찬도 살펴보자. 먼저 요즘 완전 대세인 유튜브에서 인기 있는 유튜버들. 유튜버 인기의 척도라고 할 수 있는 것은 바로 구독자 수이다. 구독자 수가 10만 명 정도가 되면 어느 정도 인기가 있다고 볼 수 있다. 구독자가 많은 유튜버들일 수록 각종 브랜드에서 어마어마한 선물들을 보낸다. 유튜브 상에서는 브랜드에서 아무런 대가 없이 무상으로 제품을 협찬해주는 것을 보통 선물이라고 부른다.

구독자 수 100만 명에 육박하는 한 뷰티 유튜버는 자신의 채널에 한 영상을 업로드 했다. 바로 택배 개봉기인데 브랜드에서 협찬으로 보내준 선물들을 시청자와 함께 풀어보는 영상이었다. 그런데 그 협찬 받은 제품의 개수가 진짜 어마어마했다. 보통 마트에서 보는 큰 택배 박스의 10배 정도 크기의 박스 안에 화장품들이 가득 들어 있고 그 밖의 또 다른 쇼핑백들에도 많은 화장품이 있었다. 요즘에 유튜브 마케팅이 정말 핫 하게 떠오르고 있어서 인기 있는 유튜버들은 이렇게 협찬을 어마어마하게 받는다.

다음으로는 인스타그램을 살펴보도록 하자. 인스타에서 인기의 척도는 바로 팔로워 수이다. 팔로워가 보통 10K 이상인 인스타그래머들을 파워 인스타그래머라고 할 수 있다. 10K는 만 명이 그 사람을 팔로우 하고 있다는 뜻이다. 파워 인스타그래머들도 영향력이 있기 때문에 인기 유튜버만큼은 아니더라도 협찬이 많이 들어온다. 파워 인스타그래머들이 "이 제품 써보니 너무 좋아요~" 이러면서 제품과 함께 찍은 셀카를 올리는 것을 많이 보았을 것이다. 협찬을 받고 올리는 피드라고 할 수 있다.

마지막으로 살펴볼 인플루언서 협찬으로는 파워블로거 협찬이다. 블로거 인기의 척도는 주로 이웃 수와 방문자 수로 결정된다. 보통 하루 방문자 수가 3천 명 이상으로 꾸준히 유지되는 블로거들을 파워 블로거라고 한다. 이웃 수가 많을수록 방문자 수가 많이 유지되기 때문에 이웃 수가 높고 방문자 수가 높은 블로거일수록 인기가 있는 편이라 할 수 있다. 파워 블로거의 블로그에 들어가 보면 대부분의 포스팅이 협찬 받아 쓴 글들이다. 그렇지 않은 파워 블로거들도 있겠지만 블로그를 이용해 협찬을 받는 블로거들이라면 협찬 들어오는 게 어마어마하기 때문에 협찬 글로 블로그가 도배되어 있다고 보면 된다.

지금까지 협찬 잘 받는 영향력 있는 사람들의 이야기를 해보았다. 어마어마한 숫자들을 보니 이제 더욱 협찬에 대해서 멀게 느껴지는가? 당연히 그럴 거라고 생각한다. 왜냐하면 나도 당신과 똑같이 느꼈기 때문이다.

협찬은 팔로워들이 많은 인기 있는 연예인이나 인기 있는 일반인들이나 받을 수 있는 거라고만 생각했다. 하지만 일반인인 나도 지금은 협찬을 많이 받는다. 당신은 나를 아는가? 모르는 사람이 대부분일 것이다. 그러면 이렇게 유명하지도 않는 사람이 어떻게 협찬을 받는 것일까?

완전 평범한 일반인인 내가 어떻게 협찬을 받을 수 있었는지 이야기해보겠다. 일단 우리는 평범한 일반인이라는 걸 명심하자. 우린 일반인이므로 일단 연예인 협찬은 바로 패스다.

연예인 협찬 다음인 인플루언서 협찬으로 넘어가 보자. 첫 번째로 유튜브 협찬. 유튜브 협찬은 구독자가 10만 명 이상이 되어야 비로소 협찬이 가능하다. 그런데 구독자 10만 명? 평범한 일반인으로서는 현실적으로 불가능하다. 유튜브에 열성을 다한다고 하더라도 보통 2년 이상이 걸리고 2년이 지난다고 해서 다 구독자 10만 명을 모을 수 있는 것도 아니다. 너무 힘드니까 유튜브도 패스.

두 번째로 인스타그램. 이미 하고 있는 사람도 많을 것이고 팔로워도 몇백 명 이상 있을 수도 있다. 그런데 언제 만 명이 되려나? 팔로워 만 명은 요즘 돈 주고도 구매할 수 있다. 하지만 돈 주고 구매한 걸 브랜드에서 모를까? 그냥 인기도 없는데 무작정 돈을 주고 구입한 팔로워들은 아무 의미가 없다. 팔로워 만 명 모으기도 너무나 힘들다. 그러니 인스타그램도 패스!

마지막으로 남은 건 블로그이다. 파워 블로거는 하루 방문자 수 3천 명이면 되니까 일단 수치적으로 다른 것들보다 너무나 수월해 보인다. 그런데 막상 블로그를 해보면 알겠지만 하루 3천 명 이상 들어오는 블로그 만들기도 무척 힘들다는 게 함정이다.

아니 그러면 도대체 뭘 어떡하라는 소리냐? 진짜 일반인이 협찬받기는 힘들다는 소리냐? 워워~ 진정하시라. 책의 내용들을 앞에서부터 순서대로 꼼꼼히 잘 보신 분들은 아시겠지만 나는 네이버 블로그로 협찬 받는다. 그렇다면 내가 파워 블로거냐? 그건 아니다. 내 블로그 하루 방문자 수는 3천 명에 미치지 못한다. 심지어 천 명에도 미치지 못한다. 아니 그럼 파워 블로거도 아닌데 어떻게 협찬을 받을 수 있는 것일까?

시장 조사 전문 기업 엠브레인 트렌드모니터가 전국 만 19세~59세 성인 남녀 천 명을 대상으로 설문 조사를 하였다. 설문 조사 내용은 제품이나 서비스 구입 시 가장 많은 영향을 끼치는 정보원은 무엇인가였다. 설문 조사 결과에 따르면 소비할 때 가장 많은 영향을 끼치는 정보원 1위는 바로 인터넷 댓글과 사용 후기였다. 이런 결과는 연예인이나 전문가를 앞세운 광고 마케팅보다 직접 제품이나 서비스를 사용해본 고객이 남기는 후기가 더 믿음직스럽다는 소리다.

설문 조사 결과뿐만 아니라 당신이 직접 소비를 할 때 주로 어떤 정보원을 찾는지 생각해보면 더욱 쉽다. 우선 소비해야 할 제품이나 서비스가 생기면 먼저 네이버에 들어가서 검색을 해볼 것이다. 그리고는 검색 결과들을 이리저리 보며 사람들의 후기를 꼼꼼히 살펴볼 것이다. 미리 제품을 사용해본 경험자들이기 때문에 구매 결정을 하는 데 많은 도움이 되기 때문일 것이다.

　그러므로 많은 브랜드에서는 마케팅을 할 때에 구매 후기 마케팅, 즉 체험단 마케팅을 많이 하려고 한다. 효과적인 체험단 마케팅을 하려는 브랜드는 넘쳐난다. 앞서도 말했다시피 포털 사이트에 '체험단 모집'이라고 검색해보면 검색결과가 2백만 건이 넘는다. 이렇게 수요는 넘쳐난다. 하지만 공급인 블로거들의 수는 수요에 채 미치지 못한다. 체험단을 이용하는 블로거들이 약 29만 명 이상이라고 이야기한 바 있다.

    그렇다면 수요와 공급에 대해서 간단히 생각해보자. 수요는 2백만 건인데 공급은 29만 명이다. 수요가 공급을 앞서게 되면 어떻게 될까? 공급자는 별다른 노력 없이도 자신이 원하는 조건으로 원하는 이득을 얻을 수 있다. 자신에게 유리한 조건으로 공급이 가능한 것이다. 많은 노력을 하지 않아도 된다는 것이다.

    이 내용을 블로그와 체험단에 적용해보자. 체험단으로 제품이나 서비스를 홍보하고자 하는 브랜드는 많은데 후기를 남길 블로거들의 수는 그에 미치지 못한다. 그렇기 때문에 체험단 측에서는 파워 블로거들만 고집할 수 없고 일반 블로거들에게도 체험단을 맡기게 된다. 이게 바로 파워 블로거가 아닌 일반 블로거여도 체험단 활동이 가능한 이유이다.

수요 _
블로그 마케팅 체험단 모집 약 2백만 건

공급 _
블로그 체험단을 이용하는 블로거
약 29만 명

일반 블로거도 체험단 활동 가능한 이유_

1. 파워 블로거에게만 제공하기에는 부족한 물량적 한계를 극복하기 위해 일반 블로거에게 기회 분산

2. 다량의 모집 건수 덕분에 여러 건의 체험단 중복 신청 가능

여러분은 검색 시 한 사람의 후기만 보고 구매를 결정하는가? 절대 아닐 것이다. 이 사람 저 사람 다양한 사람들의 후기를 보는 게 일반적이다. 마찬가지로 체험단 마케팅을 할 때에도 많은 사람들에게 체험을 하게끔 해야 하기 때문에 많은 블로거들이 필요하다. 그런데 파워 블로거는 그 숫자가 한정적이니 남은 많은 기회들이 일반 블로거들에게도 오는 것이다.

실제로 내가 블로그 체험단을 하면서 다른 블로거들을 오프라인에서 직접 만난 적이 여러 번 있었다. 블로그 상에서 친분이 있던 사이도 아니었고 진짜 생판 모르는 남이었다. 단지 체험단 활동을 하며 우연히 만난 그런 사이였다. 그런데 그 블로거들은 진짜 나와 별반 다를 게 없는 완전 평범한 일반인들이었다. 그냥 일반 직장을 다니는 직장인이거나 막 신혼부부가 된 주부도 있었다. 또 대학생도 있었고 취준생도 있었다.

나도 솔직히 내가 직접 블로그로 체험단을 많이 하면서도 뭔가 계속 나도 모르게 의구심이 들었었다. 아무래도 좀 특별한 사람들이 아닐까? 하는 의구심.

　그런데 직접 내 두 눈으로 보니까 특별할 것 없는 평범한 사람들도 블로그 체험단을 통해 노머니욜로 할 수 있다는 게 저절로 피부에 와 닿았다. 확실한 증거를 내 눈으로 직접 확인하니 이제 더 이상 의심하지 않고 당신에게도 자신 있게 말할 수 있는 것이다.

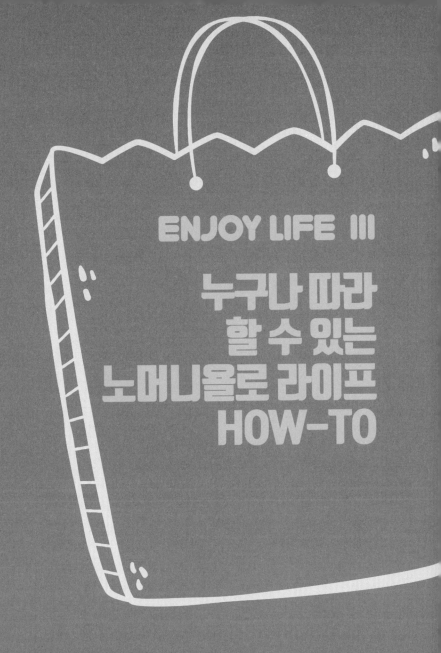

ENJOY LIFE Ⅲ

누구나 따라
할 수 있는
노머니올로 라이프
HOW-TO

한 달 만에
노머니욜로족 되는 방법

노머니욜로 라이프에 직접적으로 도움을 주는 네이버 블로그 체험단을 하기까지는 한 달밖에 걸리지 않는다. 한 달만 투자하면 쭉쭉! 계속! 체험단을 해나갈 수 있다! 블로그 체험단으로 한 달 안에도 돈에서 자유로워질 수 있다. 정말 대단하지 않은가? 심지어 그 한 달도 하루 종일 너무 힘들게 노력해야만 해! 이런 것도 아니다. 그냥 한 달 동안 하루에 한 시간 정도만 투자하면 된다. 그 한 시간도 개인의 재능에 따라 더 줄일 수가 있다.

하루 한 시간씩 한 달이면 30시간 정도이다. 30시간을 최저시급으로 환산하면 225,900원이다. 당신은 하루에 한 시간씩 한 달을 투자해서 20만 원을 벌 것인가 아니면 돈에서 자유로운 인생을 살 것인가? 선택은 오직 당신에게 달려 있다. 물론 한 달만 노력하고 땡! 이건 아니다. 하지만 한 달 동안 하루에 한 시간씩 노력한 것에 조금씩만 더 시간과 노력을 투자해준다면 노머니욜로할 수 있다는 것이다.

"진짜 한 달 만 노력하면 그게 가능하다고? 어떻게 그렇게 자신 있게 말할 수 있지?"

내가 이렇게 자신 있게 한 달이면 충분하다고 말할 수 있는 이유는 내가 직접! 블로그 체험단으로! 노머니욜로 라이프를 즐기고 있기 때문이다. 어디서 주워듣고 하는 이야기가 아니란 소리다. 내가 직접 블로그를 운영하면서 글도 쓰고 체험단 신청도 하고 블로그 체험단에 당첨도 되고 있다. 그래서 블로그 체험단으로 많은 것들을 돈 걱정 없이 누리고 있기 때문에 이렇게 자신 있게 말할 수 있는 것이다.

평범한 일반인인 나도 이렇게 마음껏 누리고 다니니 나를 옆에서 보던 친구가 자신도 나처럼 하고 싶다고 블로그를 하기 시작했다. 당신도 그냥 내 친구처럼 하면 된다. 당신이 뭐가 못나서? 주저하지 말고 그냥 하면 되는 것이다.

나는 내 블로그에 2017년 11월 12일에 첫 글을 올렸다. 이때부터 블로그를 하기 시작한 거라고 보면 된다. 사실 노머니욜로 하려고 블로그를 시작한 건 아니었다. SNS 시대를 사는 사람이라면 한 번쯤은 해보는 생각, '블로그에 일상 좀 기록해볼까?'라는 단순한 생각으로 글을 올린 것이다. 블로그를 시작하는 사람들을 보면 상업적 목적을 가지고 시작하는 사람도 분명 있다. 하지만 일반 블로거들은 보통 자신의 일상 등 무언가를 기록하려고 시작하는 경우가 많다. 나도 그 기록을 위해 블로그를 시작한 사람 중 하나였는데 하다 보니까 블로그 체험단에 대해서 자연스럽게 알게 되었다.

블로그 검색을 하다 보면 글 하단부에서 자주 보이는 "제품을 무상으로 제공 받고 후기 작성하였습니다"란 문구. 알고 보니 이게 바로 블로그 체험단이라는 것이었다. 내가 블로그를 시작한 지 얼마 되지는 않았지만 나도 블로그 체험단을 해봐야겠다는 생각이 들었다. '하고 싶은 건 될 수 있으면 당장 해보자 주의'인 나는 블로그 체험단이 당장! 해보고 싶었다. 그래서 블로그 체험단을 알기 시작하자마자 각종 블로그 체험단 사이트에 들어가서 폭풍 신청을 하였다.

그리고 얼마 후, 나에게 블로그 체험단 당첨 문자가 날라 왔다! 처음으로 블로그 체험단 당첨 문자가 온 날은 2017년 12월 8일. 정확히 말하면 블로그 시작한 지 한 달이 채 되기 전에 블로그 체험단에 당첨된 것이다. 심지어 첫 당첨 문자가 온 그날 난 당첨 문자를 2개나 받았다. 정말 기분이 좋았다. '나도 할 수 있구나! 그냥 하면 되는구나!'를 깨달았다. 첫 당첨 이후로 블로그 체험단에 재미가 들려 계속 신청하고 당첨되고를 반복했다.

2018년 3월 19일을 기준으로 내가 당첨된 블로그 체험단 개수는 100개를 달성했다. 불과 블로그 한 지 4개월 만에 블로그 체험단 100개를 한 것이다. 이정도면 블로그로 노머니욜로 라이프 즐긴다고 자신 있게 말할 수 있지 않는가?

내가 이렇게 사는 거 보면 진짜 주변 사람들이 다 부러워하고 대단하다고 말한다. 하지만 부러워할 필요 없다. 사실 알고 보면 그렇게 대단한 것도 아니다. 하지 않는 사람 입장에서는 그냥 어떻게 하는지 모르기 때문에 대단해 보이는 것뿐이다. 그냥 내가 하라는 대로만 하면 여러분도 나처럼 할 수 있다. 아니 나보다 더 좋은 노머니욜로 라이프를 즐길 수 있을 것이다.

나는 가끔 블로거들끼리의 커뮤니티에 들어가서 글들을 살펴보곤 한다. 그 커뮤니티에서는 종종 다른 블로거들이 첫 체험단 당첨 문자 받은 기쁜 소식을 공유하곤 한다. 그 글을 읽어보면 체험단 신청한 지 2주 만에 당첨이 됐다는 사람도 있었다. 자신이 어떻게 하느냐에 따라 한 달보다도 더 빨리 당첨될 수 있는 것이다. 《서른 살, 나에게도 1억이 모였다》의 저자는 블로그 체험단을 신청한 지 일주일 만에 당첨되었다고 한다. 정말 대단하지 않은가? 물론 일주일 만에 당첨된 이 저자는 이미 블로그를 운영하고 있었기 때문에 가능했던 것이긴 하다. 그렇다고 하더라도 절대 낙심할 필요 없다. 다시 나의 사례를 보면 되니까 말이다. 나는 블로그를 해본 적도 없는 사람이었다. 그런데 블로그를 개설한 지 한 달 만에 블로그 체험단에 당첨되었다.

처음 생 초짜로 시작해도 한 달이면 가능하
다는 것이다.

한 달이면 한번 해볼 만하지 않은가?

뭐든지 처음 시작이 어려워 보이지

한번 하기 시작하면 그때부터는 그냥

쭉~ 쭉~ 노머니욜로 고속도로를 타는 것
이다.

그 처음이 어렵지 않게 내가 도와줄 테니

당신은 다른 걱정할 필요 없이

그냥 이 책을 쭉~ 쭉~ 읽기만 하면 된다.

이제까지의 내용은 노머니욜로를 하기 위해 왜 블로그 체험단을 해야 하는지, 또 블로그 체험단이 왜 좋은지에 대해 당신을 충분히 이해시키고 설득하기 위함이었다고 할 수 있다.

이제 당신은 블로그 체험단으로 노머니욜로 라이프를 살고 싶은가? 진정으로 그것을 원하는가? 뭐든지 진정으로 원하고 갈구할 때 효과가 나타나는 것이다. 노머니욜로 라이프를 누리고 싶은 당신, 이제 실질적인 방법이 시작되니 집중하라. 하지만 겁먹을 필요는 없다. 절대 어려운 방법이 아니기 때문이다.

당신은 이미
준비되어 있다

KT의 디지털 방송광고 판매대행사 '나스미디어'가 2017년 12월 19일부터 2018년 1월 3일까지 국내 PC와 모바일 기기 사용자 2천 명을 대상으로 설문 조사한 "2018 인터넷 이용자 조사" 결과에 의하면 전체 SNS 이용률은 81.6%로 나타났다. 10명 중 8명은 SNS를 이용하고 있다는 말이다. 많이들 사용하는 SNS에는 인스타그램, 페이스북, 카카오스토리, 네이버블로그 등이 있다.

아마 당신의 스마트폰에도 SNS 어플이 한 개 이상은 깔려 있을 것이다. 이제 당신의 스마트폰에 SNS 어플 하나만 더 추가하면 된다.

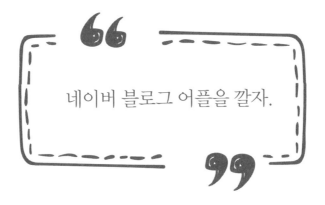

네이버 블로그 어플을 깔자.

이미 네이버 블로그 어플이 깔려 있는 분은 그대로 가즈아~!

영국의 시장조사 회사인 글로벌웹인덱스(GlobalWebIndex)가 34개 국가ㆍ지역을 대상으로 국민들의 하루 SNS 이용 시간을 조사한 결과, 한국인은 평균 1시간 3분 동안 SNS를 이용한다고 밝혀졌다. 아마 당신은 하루 한 시간 이상 SNS를 이용하고 있을 것이다. 이미 SNS에 사용 중인 그 한 시간을 이제 노머니욜로를 위해서 사용하면 된다.

　그리고 누군가와 무언가에 대해 함께 이야기하고 정보를 공유해 본 경험만 있으면 된다. 직접 사람을 만나거나 혹은 SNS를 통해서나 당신은 늘 사람들과 이런저런 이야기를 나눌 것이다. 간혹 어디 맛집을 다녀온 후 지인에게 여기 좋다고, 맛있다고 추천을 한 경험이 있을 것이다. 꼭 맛집이 아니어도 특정 상품이나 서비스라도 말이다. 먼저 추천을 하지 않았더라도 간혹 당신에게 당신 지인이 "그거 어땠어?"라며 당신이 경험한 것에 대해 질문을 하기도 할 것이다. 뭐 맛집이나 화장품 등이 아니더라도 먼저 가본 학교 생활, 지금의 날씨, 속한 조직의 분위기 등등 다양한 질문에 답을 해준 경험이 한번쯤이라도 분명히 있을 것이다.

　그렇다. 당신이 이미 해봤을 그런 경험들만 있으면 된다. 그걸로 이미 준비가 된 것이다. 후기라는 게 말이 거창해보일 수도 있지만 사실 별 거 아니다. 그냥 내가 어떤 것을 경험하고 안 사실과 느낀 점들을 말하면 되는 것이다. 그게 끝이다! 정말 간단하지 않은가?

이로써 당신은 블로그로 노머니욜로를
할 준비가 충분히 되어 있다고 판단됐다.

이미 당신이 준비되어 있다는 게 밝혀졌기
때문에

"나는 능력이 부족해서 안 돼요."

"난 시간이 없어서 안 돼요."

"나는 SNS를 안 해서 안 돼요."

"나는 스마트폰이 없어서 안 돼요."

등등의 시답잖은 변명을 해도 씨알도
안 먹힌다.

능력이 출중한 상태로 블로그를 시작하는 사람은 아주 드물다. 그냥 블로그도 SNS의 한 종류다. SNS 할 때 'SNS자격검정시험'이라도 봐서 합격해야만 사용할 수 있나? 하고 싶으면 그냥 하면 되는 게 SNS다. 물론 뭐 SNS를 잘 활용하는 능력이 있다면야 더 좋겠지만 도대체 그게 또 뭔 능력이어야 하나. 거창한 능력 따윈 필요 없다.

특히 "시간이 없어서 안 돼요"는 정말 핑계다. 꿀 같은 노머니욜로 라이프를 살고 싶으면서 정녕 아무 노력도 안 하겠다고? 많은 걸 얻을 수 있는데 필요한 최소한의 노력도 하지 않는 건 진짜 핑계일 뿐이다. 당신이 원래 SNS 하면서 놀던 그 한 시간! 딱 그 한 시간만 투자하면 된다. 그리고 매번 한 시간이 걸리는 게 아니고 하다 보면 점차 줄어서 10분 컷도 가능하다.

SNS 안 해서 문제라는 사람은 그냥 이번 기회에 네이버 블로그를 시작하면 된다! 지인들과 소통하기 싫어서 SNS 안 하는 사람들에게 더더욱 좋은 SNS가 네이버 블로그이다. 어차피 익명이고 내가 직접 신상을 공개하지 않는 이상 다른 사람들은 내가 누군지 아무도 모른다.

스마트폰이 없어도 괜찮다. 사실 요즘 시대에 스마트폰이 없기도 쉽지 않지만 그래도 괜찮다. 컴퓨터는 있을 테니까 말이다. 아무래도 온라인으로 하는 작업이다 보니 컴퓨터는 있어야지 않겠나?

이렇게 여러 변명들을 늘어놓을 수 있지만 다 소용없다. 다 말도 안 되는 변명들이기 때문이다. 그런데도 또 위의 변명들 말고 다른 변명들을 대고 있는가? 그렇게 자꾸 "나는 할 수 없어요"라고 변명만 대고 있을 거라면 그냥 하지 마라.

어차피 다른 사람들은 당신이 블로그로 노머니욜로 안 하는 게 더 좋을 수도 있다. 왜냐하면 어떻게 보면 경쟁자가 한 명 줄어드는 것이기 때문이다. 지금도 29만 명이 넘는 블로거들이 블로그 체험단으로 노머니욜로를 하고 있다. 그런데 이 책을 읽고 사람들은 평범한 자신도 블로그로 노머니욜로를 할 수 있다는 걸 깨달았다. 누구나 할 수 있는 이걸 사람들은 당장 시작할 것이다. 내 주변사람들은 물론 지인의 지인들까지 요즘 블로그로 많이 넘어오는 추세다.

아무리 블로그 체험단의 수요가 많다 하지만 공급자(블로거)도 많아지면 점점 경쟁이 치열해질 수밖에 없다. 그런 상황에서 경쟁자가 한 명이라도 줄면 사람들한테는 땡큐다. 그러니 당신이 나서서 경쟁자 제거해주지 말고 당장 시작하라. 경쟁이 더 치열해지기 전에 어서.

명심하라.
당신이 능력이 안돼서 못하는 게 아니라
몰라서 시도를 안 해봤기 때문에
못 하고 있는 것이다.
이제 알았으니 그냥 시도하면 된다.

일단 이번 장에서 노머니욜로를 위해
당신이 해야 할 일은 하나다.

지금 당장 네이버 블로그 어플을 깔자.
그런 다음 계속 나를 따라오면 된다.

나는 뭘로
노머니율로 하나?

당신은 이 책을 쭉 읽어나가면서 이제 노머니욜로가 뭔지도 알았다. 그렇다면 이제는 뭘 해야 좋을지에 대해 고민할 것이다. 평소 하고 싶던 취미나 하고 있는 취미가 명확해서 이미 정해져 있는 사람은 바로 다음 절로 넘어가도 좋다. 하지만 아직 노머니욜로로 무엇으로 할지 정하지 못했다면 이번 절을 읽으면서 같이 정해나가면 된다. 그러니 걱정할 필요가 전혀 없다.

앞서 나는 당신이 무엇을 하고 싶은 지만 정하면 된다고 언급한 적이 있다. 기억이 잘 나지 않는다면 한번 다시 살펴보고 와도 좋다. 61페이지에 있다. 이 페이지에서 하고 싶은 걸 적었다면 그걸 참고하면 된다. 혹시 하고 싶은 게 뭔지를 적지 않았다면 지금 하면 된다. 지금 당장 연필이나 펜을 들고 와서 다음 페이지의 빈칸에 당신이 하고 싶은 것들을 쭉 나열해보자. 어떤 것이든 상관없으니 일단 적자. 여기서 하고 싶은 것이란 직업 같은 게 아니고 취미에 더 가깝다고 생각하면 된다.

예를 들어 맛집 투어, 카페 투어, 영화 관람, 화장품 모으기, 전자 제품 모으기, 반려 동물 키우기, 육아 용품 모으기, 책 읽기 등등이 있겠다. 사람마다 자신이 하고 싶은 취미는 다르기 때문에 당신이 하고 싶은 걸 그냥 눈치 보지 말고 적으면 된다. 이 빈칸에 적은 당신의 취미는 당신 말고는 아무도 모르니까 걱정하지 마라.

당신이 하고 싶은 것들

당신이 하고 싶은 걸 마음껏 다 적었는가? 그럼 이 중에서 단 한 가지를 선택해보자. 당신이 적은 이 모든 걸로 다 노머니욜로 하면 좋겠지만 어떤 일을 제대로 하고 싶다면 선택과 집중이 필요하다. 노머니욜로도 마찬가지다. 노머니욜로를 제대로 하고 싶다면 노머니욜로에도 '선택'과 '집중'이 필요한 것이다. 그래서 당신이 하고 싶은 걸 한 가지를 선택해야만 한다.

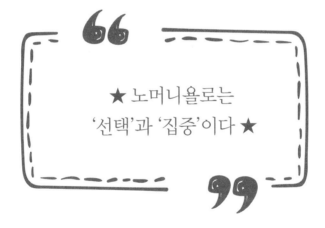

★ 노머니욜로는
'선택'과 '집중'이다 ★

당신이 하고 싶은 한 가지를 선택하는 기준은 당신이 가장 좋아하는 것을 고르는 것이다. 가장 좋아하는 것을 고르는 이유는 다음과 같다. 사람들은 자신이 가장 좋아하는 무언가에 가장 돈을 많이 쓰기 때문이다. 예를 들어보자. 취미가 맛있는 빵을 먹는 것인 사람이 있다. 그 사람은 빵지순례(빵+성지순례를 합친 말로, 유명한 빵집을 찾아다닌다는 뜻) 하기를 좋아한다. 매주 다양한 지역을 돌며 빵지순례를 하는 사람은 주말이면 빵들을 마음껏 먹고 즐긴다. 그의 영수증에는 어떤 항목의 지출이 가장 많을까? 아마도 빵을 사는 데 가장 돈을 많이 썼을 것으로 예상이 된다.

어떤 사람은 술 마시기를 좋아한다. 소문난 술꾼이다. 그래서 매일같이 술을 먹는다. 그는 안주가 맛있고 분위기가 좋은 술집을 찾아다니는 것을 좋아한다. 술 자체를 즐기는 것도 좋지만 분위기를 더욱 사랑하는 그다. 하지만 그에게도 술집 영수증은 달갑지만은 않다. 술 마시는 건 좋은데 항상 뒷감당이 힘들다. 이 사람의 영수증을 살펴보면 어떨까? 술값 내역으로 고민이 많을 것 같다.

당신의 경우를 한번 생각해보자. 당신이 좋아하는 게 무엇인지, 그것에 돈을 많이 쓰고 있지는 않은지. 앞 장에서도 말했듯이 가장 좋아하는 걸 고르기 힘들다면 자신의 영수증을 한번 모아서 살펴보고 그중에서 가장 지출이 많은 항목을 당신의 노머니욜로 라이프의 주제로 삼도록 하자.

우리는 노머니욜로를 할 것이다. 그래서 무엇으로 노머니욜로를 할지 고민 중이다. 그런데 이왕이면 평소에 많은 지출로 속을 썩이고 있던 것을 고르면 금상첨화 아니겠는가? 또 많은 지출 때문에 속을 썩이지만 그게 사실 내가 가장 좋아하는 것이니 얼마나 좋은가? 이제는 돈 때문에 걱정하지 말고 맘 놓고 좋아하는 걸 그냥 즐기기만 하면 된다! 우리에게는 이제 노머니욜로가 있으니까!

노머니욜로의 주제를 한 가지로 정한 이유가 또 있다. 그 이유는 바로 '네이버' 때문이다. 네이버? 맞다. 우리가 아는 그 포털 사이트 맞다. 우리는 네이버 블로그를 이용해서 노머니욜로를 해야 한다. 그렇다면 네이버를 잘 알아야지 그걸 우리한테 맞게 잘 이용할 수가 있을 것이다.

혹시 '네이버 최적화 블로그'라는 말을 들어본 적이 있는가? 최적화 블로그란, 블로그에 글을 쓰면 그 글이 검색결과 상단에 잘 노출되는 블로그를 말한다. 이런 최적화 블로그는 블로그 마케팅을 하기에 아주 좋은 수단이다. 그렇기 때문에 노머니욜로를 할 때 최적화 블로그를 가지고 있으면 매우 좋다. 그런 최적화 블로그를 만들기 위해선 어떻게 해야 할까?

예전 네이버 같았으면 '짬뽕 블로그'로도 어느 정도 글 개수 등을 맞추면 최적화 블로그를 만들 수 있었다. "짬뽕 블로그는 뭔가요?" 짬뽕 블로그란 블로그에 글을 쓰는 주제가 굉장히 다양한 것을 말한다. 예를 들어 한 블로그에 화장품 이야기, 자동차 이야기, 곤충 이야기, 인테리어 이야기 등등 이야기하고 싶은 모든 것들로 다양하게 글을 쓰는 것이다. 예전만 해도 글을 이렇게 아무렇게나 써도 다 상위 노출이 가능했다. 그래서 블로그 마케팅을 하는 데 아무 문제가 없었다.

하지만 이제 네이버는 바뀌었다. 좀 더 전문적인 콘텐츠를 원한다. 전문적이라고 해서 쫄 필요가 전혀 없다. 의사 자격증, 변호사 자격증 이런 것처럼 전문적인 자격증을 따야 하는 것이 아니기 때문이다. 네이버에서 원하는 '전문적 블로그'라는 것은 다음과 같다. **"하나의 주제에 대해서 깊이 있고, 다양한 콘텐츠를 다루며, 오랫동안 생산해내는 블로그."** 네이버에서 이렇게 대놓고 하나에 집중하기를 원하기 때문에 우리는 그에 맞춰 하나에 집중하며 노머니욜로를 하면 되는 것이다.

내가 지금 하고 있는 블로그 이야기를 해보겠다. 사실 내 블로그는 지금 좀 짬뽕 블로그가 됐다^^;; 원래는 한 가지 주제로 쭉 글을 올렸는데 체험단을 하며 짬뽕 블로그가 된 셈이다. 그래서 그런지 블로그가 쭉쭉 잘 크다가 다소 성장세가 주춤한 상태다. 네이버가 점차 더 전문적인 콘텐츠를 원하기 때문에 내 블로그는 이대로 가다간 안드로메다로 빠질 수도 있다.

　그러니 당신은 나처럼 절대 짬뽕 블로그를 하면 안 된다. 지금 시작하는 당신이 오히려 행운아일 수 있다. 내 블로그를 전문적으로 탈바꿈 시키려면 완전 대공사에 들어가야 하기 때문이다. 하지만 이제 깨끗한 백지 상태로 시작할 당신은 그냥 하나의 주제로 깨끗하고 전문적으로 블로그를 키워나가면 된다. 당신은 정말 축복 받은 것이다.

노머니욜로 최적화 블로그 이것만 알고 가자!

지양점 _
이것저것 잡다한 글로 내용이 중구난방인
'짬뽕 블로그'

지향점 _
당신이 좋아하는 하나의 주제에 대해서
깊이 있게 다양한 콘텐츠를 다루며,
오랫동안 생산해내는 '전문적인 블로그'

궁극적인 목적 _
나는 내가 가장 좋아하는 것에 집중해서
제대로 노머니욜로 할 것이다!

노머니욜로 하며
전문가 되기

"우물을 파되 한 우물만 파라.
샘물이 날 때까지." – 슈바이처

당신은 앞 장에서 어떤 우물을 팔지 결정했을 것이다. 아직도 결정하지 않았다면 먼저 결정을 하고 오라. 이제 당신은 어떤 걸로 노머니욜로 할지 결정했다. 그럼 이제는 노머니욜로 하면서 전문가가 될 일만 남았다. 노머니욜로 하는데 전문가까지 될 수 있다고? 정말?

정말로 가능하다. 노머니욜로를 잘 하기 위해서 따라 하는 것만으로도 충분히 전문가로 거듭날 수 있다. 당신은 그냥 내가 하라는 대로 따라 하기만 하면 되는 것이다.

당신은 네이버 블로그를 개설하였다.(네이버 아이디만 있으면 네이버 블로그는 자동 개설된 것이다. 네이버에 로그인을 하고 내 블로그로 들어가면 된다.)

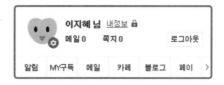

그리고 노머니욜로 할 단 한 가지 주제도 선택하였다. 그렇다면 이제 다음 순서는 무엇일까? 그렇다. 이제는 블로그에 포스팅을 할 시간이다.(블로그에 글을 쓰는 것을 '포스팅'이라고 한다.) 블로그를 만들 었는데 블로그가 휑하니 텅텅 비어 있으면 안 되지 않겠는가? 당신 의 블로그를 알차게 채워나가야 한다.

그럼 대체 블로그에 어떤 글을 써야 할까? 이미 답은 나와 있다. 당신이 선택한 그 한 가지! 그것을 주제로 글을 쓰면 되는 것이다. 당 신은 이제 블로그에 하나의 주제를 가지고 쭉~ 글을 써나가기만 하 면 된다.

글쓰기라고 하니까 숨이 턱 막히고 걱정부터 앞서는가? 내가 과연 글쓰기를 잘할 수 있을까? 글쓰기에 재주가 없는데 어떡하면 좋지? 등등의 쓸데없는 걱정은 잠시 넣어둘 필요가 있다.

앞에서도 말했듯이 노머니욜로는 블로그 체험단을 이용한다고 했 다. 체험단이란 무엇인가? 제품 또는 서비스를 이용하고 그것에 대 해 후기를 남기는 것이다.

그렇다. 여러분이 써야 할 글은 '후기'이다. 솔직히 나는 후기 쓰는 건 뭐 거창한 글쓰기가 아니라고 생각한다. 그냥 당신이 제품이나 서비스를 이용하고 그에 따른 사실과 생각을 그냥 누군가에게 말하듯이 쓰면 끝이다. 전혀 어려워할 것 없다.

"블로그가 어렵다" "블로그 포스팅이 어렵다"라고 말하는 사람들은 다 자신이 그냥 지레 겁먹고 있기 때문에 어려운 것이다. 누가 무슨 체험 논문을 쓰라고 했나? 애플 신제품에 관해 10,000자 내외로 서술하시오. 이런 논술 문제도 아니다.

그냥 진짜 친한 지인, 가족 등에게 말하듯이 쓰면 된다. 만약 당신 친구가 당신에게 "야, 이번에 새로 나온 애플 스마트폰 신제품 있는데 너 한번 써볼래? 대신 그냥 어떤지 후기만 남겨줘~" 이런 말을 했다면 당신은 부담스러워서 피할 것인가? 그렇지 않을 것이다. 그냥 뭐 한번 써보고 어떤지 말하기만 하면 끝인데 뭐가 어렵나? 그러니까 절대! NEVER! 쫄 필요 없고 그냥 하면 된다.

어렵게 생각하면 한도 끝도 없이 어렵지만 쉽게 생각하면 진짜 쉽다. 그러니 그냥 최대한 쉽고 단순하게 생각하고 행동하자! 그리고 노머니 욜로하자!

아무리 이렇게 말한들 정 자신이 없다 하는 사람들이 있을 것이다. 왠지 그럴 것 같기도 하다. 그래서 당신의 이해를 돕고 용기를 불어 넣어주기 위해 또 예시를 다양하게 준비했다.

만약 당신이 고른 단 한 가지 노머니욜로가 '맛집 투어'라고 생각해보자. 당신은 이제 맛집 블로거가 된 것이다. 맛집 블로거가 뭐 별건가? 그냥 맛있는 식당 가서 음식 먹어보고 사진 찍고 후기 남기면 끝이다. 맛집 투어 하기를 좋아하는 사람이라면 자신의 핸드폰에 많은 음식 사진들이 있을 거라 생각된다. 이제 자신의 사진첩에 있는 사진들을 하나씩 꺼내어 블로그에 글을 올리면 되는 것이다.

블로그에 글을 쓸 때도 한 포스팅에 하나의 주제를 잡고 올리는 것이 좋다. 예를 들어 〈신당동 떡볶이 맛집 후기〉처럼 한 식당의 후기를 남기는 것도 좋다. 아니면 어떤 한 음식을 주제로 다양한 맛집을 소개하는 글이다. 〈부산 떡볶이 맛집 추천 TOP 5〉처럼 한 포스팅에 한 주제라는 걸 명심해야 한다. 괜히 막 이것저것 한 번에 다 쓰려다가는 당신도 힘들 뿐만 아니라 그 포스팅을 보는 사람도 힘들어진다.

〈신당동 떡볶이 맛집 후기 및 부산 떡볶이 맛집들 다녀왔어요〉 이런 글이 있으면 당신은 그 글을 클릭해서 보고 싶은가? 적어도 난 클릭하고 싶지 않다. 아마 대부분의 사람들이 보고 싶어 하지 않을 것이다. 그리고 제일 중요한 것은 이런 글을 네이버가 싫어한다는 것이다. 우리는 네이버랑 친해져야 하는데 네이버가 싫어하는 글을 쓰면 안 되지 않겠는가!

그러니 당신도 편하고
읽는 사람도 좋고
네이버도 좋아하는

한 포스팅에 한 주제
명심하자!

한 포스팅에 한 주제가 중요한 건 알았는데 도저히 어떤 제목에 어떤 내용을 써야 할지 감이 안 온다면? 그럴 때는 다른 전문 블로거들의 글을 살펴보며 아이디어를 얻어보자. 자신이 정한 노머니욜로 분야에 대해 글을 쓰는 블로그에 들어가서 그들은 어떤 글을 작성하는지 참고하는 것도 좋다. 자신의 분야에 맞는 글들을 보다 보면 어떤 포스팅을 해야 할지 막막했던 것들이 조금씩 구체화될 것이다. 다음의 블로거들은 네이버에서 직접 선정한 주제별 전문 블로거들이다.

일상 · 생각 (10)

마이쑝	고고한양	박현덩	수하 백화점
이웃 11,838명 +이웃	이웃 14,087명 +이웃	이웃 11,729명 +이웃	이웃 10,520명 +이웃
인생은 신나는 놀이터♬ 석초당+마이쑝 +석봉이 돈보다 시간을 시...	돈 쓰는데 초능력을 타고난 여자의 파산 기록 우아하게 멸망하는...	맛있게먹고 재있게살자 :)♥ You only li ve once !!	수하백화점 세벽반 영업中 파션관 & 여 행관 항상 오픈

써니은	진미츄	금저c	코리풍
이웃 11,046명 +이웃	이웃 13,921명 +이웃	이웃 9,468명 +이웃	이웃 9,076명 +이웃
순간을 기록하며 남기고 나와 너의 이야 기로 흔적을 남긴다. 기...	instagram @yoojiiiiin	+ 그냥 열심히 떠들어요. + 잘 먹고 잘 사 고 잘 다녀요. + Fashi...	제주 카페 <요오무문> 제주시 구좌읍 한 동리 8·11 2층 10시·6시...

공연 · 전시 (20)

김미경	헤이워즈 heywo···	다빈치	페르소나
이웃 9,605명 +이웃	이웃 3,189명 +이웃	이웃 2,354명 +이웃	이웃 1,906명 +이웃
아트스피치 / 김미경의 아끌라스 대표.	전 '잡지 편집장'. 나의 취향으로 고른 맛 집, 전시, 영화, 책에...	빛 과 그림자 그리고 경멸의 다빈치.	

소곤이	jessy	리지	변자운
이웃 2,189명 +이웃	이웃 2,076명 +이웃	이웃 7,636명 +이웃	이웃 11,251명 +이웃
<문화충전 200%> 부매니저 문화지기 권정은(소곤이의 블로그입.	클래식 음악, 가을이, 영화, 책 -	여둘 살 훌리와 함께 하는 소소한 일상 블 로그 ♡ 매냥 놀고, 놀...	영상움수 놀이터는 영상에 관심이 많은 분들을 위한 놀이터입니.

국내여행 (10)

제주이야기꾼
이웃 7,139명 + 이웃
제주도블로그기자단: 세계자연유산서포
터즈, 미디어제주 객원기...

마운틴
이웃 19,067명 + 이웃
Il se sentait si seul dans ce desert que
parfois il marchait...

오둥이
이웃 9,659명 + 이웃
여행, 맛집, 패션, 미용등 소소한 일상을
다루는 블로그입니다 ~

프림커피
이웃 3,447명 + 이웃
여행과 사진을 취미로 삼으면서 전국을
돌아다니며 맛보고 눈으...

쿠니
이웃 14,627명 + 이웃
아웃도어활동과 사진을 좋아합니다

주유천산
이웃 2,498명 + 이웃
일상과 산행 흔적을 기록하여 먼 훗날 기
억의 편린들을 반추하고...

SNSLIVE
이웃 4,819명 + 이웃
살아있는 블로그를 꿈꾸며!! 도움이되는
블로그를 위하여!! 서이...

제주유딧
이웃 4,129명 + 이웃
유딧의 걷고 그리고 쓰고... 걷고 그리고
쓰고... 온라인 다이어...

문학 · 책 (12)

나무그림자
이웃 1,466명 + 이웃
* 문화비평가, 인문학칼럼니스트, 시인 *
〈순간의 결리〉 - 2017 ...

snow
이웃 3,078명 + 이웃
독서를 좋아합니다.

연꽃블라리스
이웃 3,765명 + 이웃
서둘러서 놓치고 사는 것보다 느릿하게
여운을 남기고 사는것,

나무와열매
이웃 12,947명 + 이웃
책읽기 글쓰기, 연대하기 실천하기, 더불
어 함께 성장하기 :-)

프네우마
이웃 3,519명 + 이웃
이념과 사상을 넘어 이성과 감성이 숨쉬
는 공간이며, 독서의 가...

jumjan
이웃 2,273명 + 이웃
자극혁 사적인 취향의 독서를 하며 그 책
속에서 건진 밑줄 긋고...

향기로운
이웃 2,178명 + 이웃
그림책을 즐기는 101가지 방법

혼
이웃 2,060명 + 이웃
책이 자꾸 마법을 부린다.

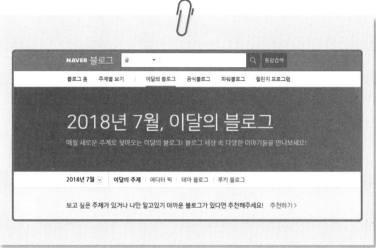

이외에도 다른 전문 블로거들을 보고 싶다면 네이버 블로그 홈에서 '이달의 블로그 → 이달의 주제'를 클릭해 살펴보면 된다.

아니면 주제별 보기로 내가 원하는 분야의 주제들을 한눈에 쭉 훑어볼 수도 있으니 참고하자.

이제 당신이 정한 주제로 어떤 제목, 어떤 내용의 글을 써야 할지 대략적인 감을 잡았을 것이다. 그런데 살펴보니 포스팅에 사진이 빠질 수 없는 것 같다는 생각이 들었을 것이다. 이번엔 또 사진 때문에 걱정이 될 수도 있겠다. 하지만 마땅한 사진이 없다고 걱정할 필요는 없다. 당신의 노머니욜로가 화장품 모으기라든지 어떤 제품을 수집하는 것들이라면 이미 집에 가지고 있는 제품들을 하나씩 찍어서 사용 후기를 포스팅 하면 된다.

내가 집에 있는 화장품들을 포스팅 한 것이다.

혹시 맛집 투어가 하고 싶은데 사진이 하나도 없다면? 그래도 괜찮다. 두 가지 방법이 있다. 먼저 첫 번째 방법은 미래의 노머니욜로를 위해서 먼저 투자하는 방법이다. 어차피 내가 좋아하고 이미 돈을 쓰고 있는 분야이니 조금만 더 투자해보는 거다. 이제는 맛집을 갈 때마다 사진 찍어서 후기를 올리기만 하면 된다.

두 번째 방법은 아예 돈을 안 쓰는 방법이다. 인터넷에는 무한한 정보가 깔려 있다. 그 정보들을 수집하여 정리해서 글을 쓰는 것도 하나의 방법이다. 예를 들어 〈블로거들이 극찬한 신당동 맛집 리스트〉〈요즘 핫 하게 떠오르는 신상 먹거리〉 등등 직접 돈을 쓰지 않고도 쓸 수 있는 글들은 매우 많다. 조금만 생각해보면 된다.

나 같은 경우는 패션을 주제로 돈을 안 쓰고 포스팅 한 적이 있다. 얼마 전 유행한 롱패딩을 주제로 포스팅을 하였다. 사진은 해당 옷 브랜드 홈페이지에서 캡처 하고 사진 밑에 패션에 대한 설명을 덧붙였다. 이렇게 해당 제품 홈페이지에서 사진을 가져올 수 있다면 그게 가장 좋은 방법이다.

해당 제품 홈페이지가 없다면 어떻게 할까? 네이버 블로그에서 사진을 퍼오게 되면 유사 문서로 인식되어 네이버에서 내 글이 검색되지 않을 수 있다. 그러니 사진은 네이버 말고 인스타그램 등 다른 사이트를 통해 퍼온 후 출처를 남기자. 그리고 사진 밑에 간단한 코멘트를 달면 포스팅이 완성된다.

패션정보 (36)   목록열기 ▼

neighbor

패션정보
핑크롱패딩 추천 TOP5

2017. 11. 12. 10:00   URL 복사

안녕하세요^^
핑크패션블로거 체리핑크입니다!

벌써 겨울이 다가와서 날씨가 쌀쌀한데요~

겨울을 맞이하여 *셜츠헤*으로
롱패딩 하나 장만해야겠는데

온통 블랙 블랙 ㅠㅠㅠ

체리핑크
(amypink212)

category

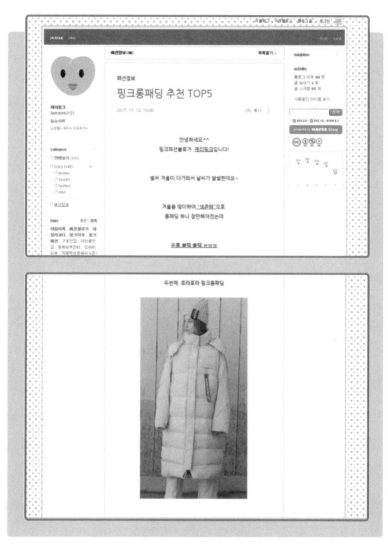

두번째. 로라로라 핑크롱패딩

당신은 이렇게 당신의 블로그에 한 가지 주제로 꾸준히 글만 올리면 된다. 시간이 지나고 글이 어느 정도 쌓이게 되면 당신은 그 분야의 전문가가 되어있을 것이다.

전문가(專門家): 어떤 특정한 부문을 오로지 연구하여 그에 관한 지식이나 경험이 풍부한 사람. 또는, 그 일을 담당하고 있는 사람.

전문가 하면 너무 거창하게들 생각하는데 한 분야에 대해 꾸준히 관심을 가지고 지식을 쌓으면 그게 전문가지 따로 전문가가 있는 게 아니다. 쫄 필요 전혀 없다. 우리는 인터넷에서 블로거로 충분히 전문가가 될 수 있다.

전문가가 되면 그만큼 신뢰가 쌓이고 영향력이 커지니 점점 더 좋은 노머니욜로가 가능하다. 파워 블로거, 파워 인플루언서 등 그 사람들은 영향력이 있기 때문에 많이 협찬 받는다. 당신도 전문가가 되어 좋은 영향력을 가지고 더 좋은 협찬을 받으면 된다.

실전! 노머니욜로
글쓰기 비법

평소 블로그 글을 많이 보거나, 인터넷 서핑을 많이 하는 사람이라면 블로그에 포스팅을 하는 것에 대해 대략적인 감이 올 수도 있다. 하지만 아무리 글을 많이 보았더라도 보는 것과 직접 글을 쓰는 것은 엄연히 다른 문제이기도 하다. 그래서 준비했다.

실전! 노머니욜로 글쓰기 비법!

처음 블로그에 글을 쓰기엔 너무 막막한 당신을 위해 준비한 내용이지만, 굳이 똑같이 해야 한다는 강박감을 느낄 필요는 절대 없다. 순전히 참고용인 것이다. 글 쓰는 것엔 정답이 없기 때문에 자신의 스타일대로 쓰면 되는 것이다. 아래 내용들을 참고하며 글을 쓰다 보면 어느 순간에는 자기만의 글쓰기 방식대로 포스팅을 하는 자신을 발견할 수 있을 것이다. 내가 계속 하는 말이지만 어디까지나 노머니욜로를 위해 하는 즐거운 작업이기 때문에 절대 내가 알려준 대로 똑같이 적어야 한다는 스트레스는 받지 않았으면 좋겠다.

블로그 체험단은 크게 두 가지로 나눌 수 있다. '방문 체험'과 '제품 체험'이다. 방문 체험은 말 그대로 직접 내가 영업점에 방문하여 무언가를 체험하는 방식이다. 예를 들자면 외식 체험, 공방 체험, 피부 관리실 체험, 호텔 숙박 체험 등등이 있다. 영업점에 방문하여 서비스 또는 제품을 제공받는 것이다. 하지만 방문 체험 같은 경우는 아무래도 직접 시간 예약을 하고 가는 것이라 스케줄을 조정하기 힘든 분이라면 부담스러울 수도 있다.

　제품 체험은 방문 체험처럼 직접 영업점에 방문하지 않더라도 집으로 제품이 배송되어 온다는 장점이 있다. 그래서 매우 간편하기도 하지만 그만큼 경쟁률이 좀 더 높다는 것이 단점이라 할 수 있다. 나는 이 두 가지 체험 중 주로 방문 체험을 많이 하는 편이다. 집순이지만 돌아다니는 것도 좋아한다. 무엇보다 방문 체험은 노머니욜로하는 기분을 직접적으로 누릴 수 있어서 너무 좋다. 서비스를 받고 나서 돈을 내지 않고 나오는 그 짜릿한 기분은, 정말 겪어봐야지만 알 수 있다. 마치 마약과도 같달까... 한 번 맛보면 끊기 힘들다 정말...

방문 체험이든 제품 체험이든 업체에서 제공해주는 체험단 이용 후 글을 쓸 때 필요한 가이드라인이 있을 것이다. 예를 들자면 어떤 키워드는 꼭 넣어달라거나 이런 내용은 꼭 넣어달라는 식의 가이드라인이다. 하지만 글쓰기 가이드라인이 있다고 아예 글을 다 써주는 것이 아니다. 아주 대략적인 틀일 뿐 결국은 내가 글을 이끌어 가야 한다. 그럼 바로 체험단 글쓰기 가이드라인을 알아보도록 하자. 이것은 나만의 가이드라인은 아니고 체험 특성에 맞게 대부분의 블로거들이 따르는 것들이다.

말이 어려워 보이지 정말 간단한 것이다. 당신이 만약 어디 식당에 가기 위해서 검색했다 치자. 그렇다면 어떤 정보를 얻고 싶은가? 식당의 음식이 맛있는지, 위치는 어디인지, 가격은 얼마 정도인지, 인테리어는 깔끔한지, 영업 시간은 언제인지 정도일 것이다. 덧붙이자면 주차는 가능한지, 전화번호는 뭔지, 배달은 가능한지 등이 있을 수 있다. 뭐 보통 맛집 검색을 하면서 '이 식당의 주인은 철학이 뭘까?' 이런 게 궁금하지는 않을 테니 말이다.

그냥 블로그에 글을 쓸 때 위의 정보들을 포함시켜서 글을 쓰면 끝이다. 순서를 어떻게 배치하는 가는 자기 자유!

방문 체험은 식당뿐만 아니라 피부 관리실이나 공방 등 다양한 곳이 있을 수 있다. 세부적인 정보들은 조금씩 다를 수 있겠지만 전체적인 틀은 비슷하다. 직접 방문을 해야 하는 것이니 일단 위치 정보는 필수이다. 그리고 영업 시간과 전화번호도 기본적으로 들어가는 것이 좋다. 그리고 매장, 제품 및 서비스 사진과 메뉴 및 가격 정보가 들어가는 것이 좋다. 그리고 제품 및 서비스에 대한 나의 이용 후기를 덧붙이면 된다. 참 쉽죠?

　백문이불여일견이라고 내가 실제로 포스팅 한 것들을 직접 보도록 하자.

방문 체험 _ 식당 편

이렇게 네이버지도 장소첨부 기능을 이용해서 식당 지도를 첨부
할 수 있다. 그리고 아래에 전화번호와 영업 시간을 기입하면 된다.

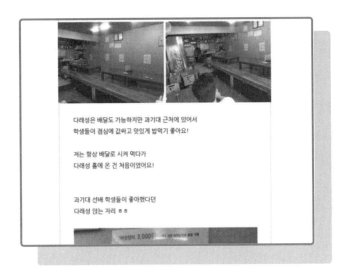

매장에 들어가서 인테리어 사진을 찍는다. 사진 밑에는 사진과 관
련된 멘트를 간단히 적으면 된다. 처음 와보는데 어떻다든지, 인테리
어가 예쁘다든지 등등.

그러고 나서 진짜 중요한 메뉴판을 찍는다. 블로거들마다 차이가 조금씩 있겠지만 나는 개인적으로 메뉴랑 가격은 상세하게 찍는 게 좋다고 생각한다. 아무래도 가격은 사람들이 제일 궁금해하는 것이니 가격 정보는 사진을 잘 찍으면 좋다.

마지막으로는 음식 사진(제품 사진)과 음식에 대한 맛 평가(이용 후기)를 적으면 된다. 내가 좋아하는 맛이라든지, 기존에 먹었던 것과 비교해도 된다. 특색 있는 맛이라면 따로 소개를 해도 좋다. 사진을 첨부해서 내가 직접 먹고 느낀 대로 편하게 쓰도록 하자. 맛 칼럼니스트인 것마냥 대단한 비유를 해야 할 것 같은 압박감을 느낄 필요가 전혀 없다. 그냥 맛있다, 또 먹고 싶다 등 자신의 평소 표현 방법대로 친구한테 이야기하듯이 편하게 쓰면 된다.

그런데 만약 음식이 맛이 없었을 때는 어떻게 할까? 그럴 때는 직접적인 맛 평가보다는 음식의 비주얼이라든가, 음식 구성 등등 맛 외의 다른 걸 이야기하면 된다. "비주얼이 압도적이네요" "혜자스러운 구성이에요" 등등 맛 외의 것들에 포커스를 맞춰서 멘트를 날려주면 된다^^.

방문 체험 _이색 데이트

요즘 이색 데이트라고 하면 가상현실 게임, 만들기 공방, 호텔, 만화 카페, 심리 카페 등등이 있다. 호텔, 만화 카페처럼 사진으로 많은 정보가 드러나는 것들은 사진을 참고하여 글을 쓰면 된다. 그런데 만들기 공방이라든지 심리 카페 등은 사진에 덧붙여 따로 정보를 더 적어야 한다. 예를 들면 만들기 순서, 게임 진행 순서 등 서비스 순서에 대한 정보를 덧붙이는 것이 일반적이다. 다시 말하면 이색데이트 체험 글 같은 경우는 위치 정보, 영업 시간, 전화번호, 메뉴 및 가격, 매장 사진, 서비스 사진, 나의 후기와 더불어 서비스 이용 순서에 관한 정보를 더하면 된다.

역시나 지도를 첨부한다.

영업 시간과 전화번호도 적는다.

매장 사진과 인테리어에 관한 멘트도 덧붙인다.

저희 커플은 일단 첫가자리로
골라 잡았어요~

반지만들기를 하기 위해서
제일 처음 할 일은

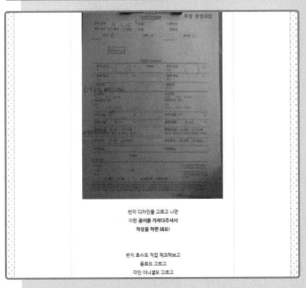

반지 디자인을 고르고 나면
이런 종이를 가져다주셔서
작성을 하면 돼요!

반지 호수도 직접 체크해보고
용도도 고르고
각인 이니셜도 고르고

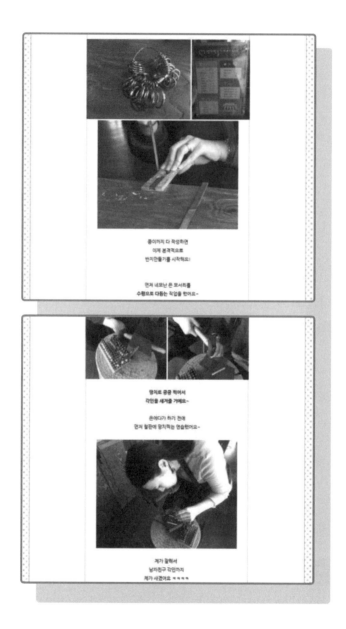

종이까지 다 작성하면
이제 본격적으로
반지만들기를 시작해요!

먼저 내모난 은 모서리를
수평으로 다듬는 작업을 한어요~

망치로 콩콩 찍어서
각인을 새겨줄 거에요~

은에다가 하기 전에
먼저 철판에 망치치는 연습을 한어요~

제가 잘해서
남자친구 각인까지
제가 새겼어요 ㅋㅋㅋㅋ

사진은 중간 중간 생략했지만 전체적으로 반지 만들기 순서에 따라서 사진을 찍고 사진 밑에는 뭐 하는 중인지 설명해준다. 덧붙여 뭐 재미있다느니, 내가 잘한다느니, 재능을 발견했다느니 등등 다양한 감상을 적으면 된다.

아무래도 하다 보면 순서를 까먹기가 쉬워서 나는 체험하는 와중에 휴대폰 메모장에 간단히 메모를 하는 편이다. 그럼 사진 순서 배치할 때도 좋고 사진 밑에 설명 적기가 훨씬 쉬워진다. 휴대폰 메모장 완전 추천!!

방문체험 _ 에스테틱

뷰티 체험처럼 비포&애프터가 드러나는 체험은 비포&애프터 사진을 첨부하는 게 좋다. 방문 체험 중에서는 식당 체험이 가장 간단하니 식당 방문 체험 후기 방식에 점점 하나씩 덧붙인다 생각하면 된다. 뷰티 체험 같은 경우는 '기존의 방문 체험 가이드라인 + 체험 순서 + 전후 비교 사진' 형식이라고 생각하면 쉽다.

피부 관리 같은 경우는 전후 비교가 좀 드러나지만 운동이나 마사지는 사실 눈으로는 봤을 때 별 차이가 없다. 그렇기 때문에 말로 설명을 해주는 것이 더 좋다. 예를 들면, 마사지 후 몸이 너무 가벼워졌다든지, 운동을 하니 너무 개운하다든지, 제대로 된 자세로 운동하니 몸이 아프지 않아서 좋다든지 등등, 내가 직접 느낄 수 있는 점들을 사진 대신 말로 설명해주면 된다.

지도 사진을 첨부하고 위치 및 전화번호를 안내한다.

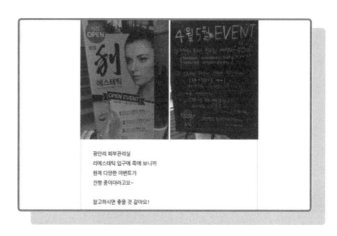

해당 가게에서 이벤트 중이라면 이벤트 내용도 넣으면 굳~!

매장 인테리어 사진도 첨부해준다.

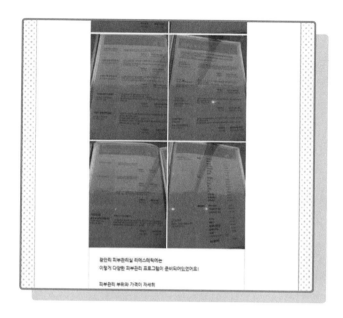

메뉴 및 가격 정보도 넣어준다.

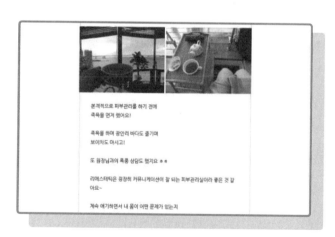

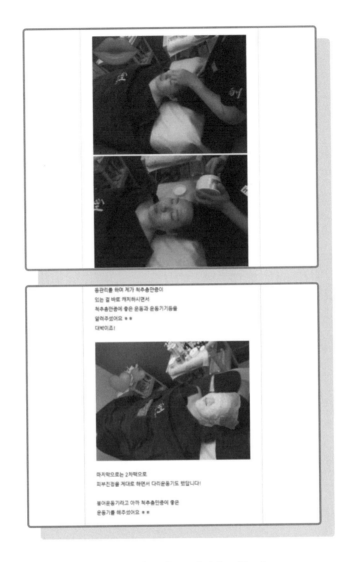

체험 순서대로 사진을 첨부하고 설명을 적는다.

관리가 끝난 후에는 파우더룸에서
단장을 하고
상담실에 들어가
원장님이랑 마지막으로 또 얘기를 나누었답니다!

아까 족욕할 때 상담하면서
차에 관한 이야기를 했거든요!

여드름이 올라오는 게 다양한 이유가 있을 수 있다. 간이 안 좋아서 그럴 수
도 있고, 폐나 위등이 안 좋을 수도 있는데 제일 좋은 장기는 사실 비장(바
위)이다

비장이 안 좋으면 잘 붓고 할 수 있는데
제가 좀 잘 붓거든요 ㅠㅠ
그런 사람들이 물을 많이 마시면
오히려 더 독이라고 ㅠ

물 많이 마셔서 노폐물 배출해야 하는데
비장이 안 좋으며 물 배출이 안되고
오히려 정체가 되어서 더 안 좋을 수 있대요

비포&애프터가 명확하지 않을 경우에는 느낀 점 등을 상세히 적
는다.

제 두피상태에 맞는 관리가
끝나고 나면 다시 상담실로 가서
카메라로 두피상태를 체크해요~

이건 두피 관리 사진인데 이 경우처럼 전후 비교가 명확한 경우에
는 정확한 사진을 첨부해주는 게 좋다. 아닐 경우에는 말로만 설명해
도 된다.

이제 방문 체험 다음으로 제품 체험 글쓰기에 대해 살펴보자. 제품 체험은 일단 직접 밖에 나가지 않아도 되니 완전 편하다. 제품의 특징에 맞게 글을 쓰면 되는데 방문 체험처럼 영업 시간, 지도, 전화번호, 매장 사진이 없어도 된다. 이것을 제외하면 제품 체험 글이나 방문 체험 글이나 비슷하게 작성하면 된다.

나는 주로 화장품으로 제품 체험을 하였다. 색조 화장품 같은 경우는 비포&애프터가 확실하기 때문에 전후 사진을 넣으면 좋다. 만약 뷰티 기기를 체험한다고 하면 제품 사용 순서 및 방법을 세세히 넣으면 좋을 것이다.

제품 체험의 기본 틀은 다음과 같다.

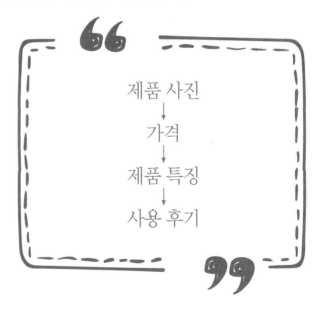

제품 사진
↓
가격
↓
제품 특징
↓
사용 후기

정말 간단한 것 같다. 그래서 방문 체험보다 제품 체험이 경쟁률이 더욱 치열한 게 아닐까 싶다. 후기 쓰기도 간편하고, 집에서 할 수 있으니 말이다.

제품 체험 _ 화장품 편

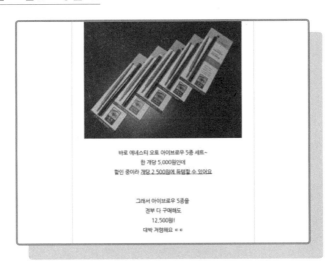

제품 사진 및 가격 정보를 적는다.

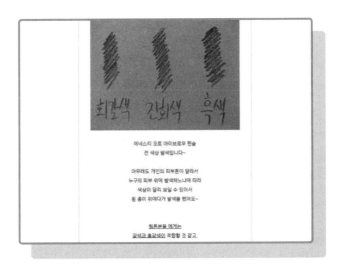

제품 발색 등 제품 특징을 적는다.

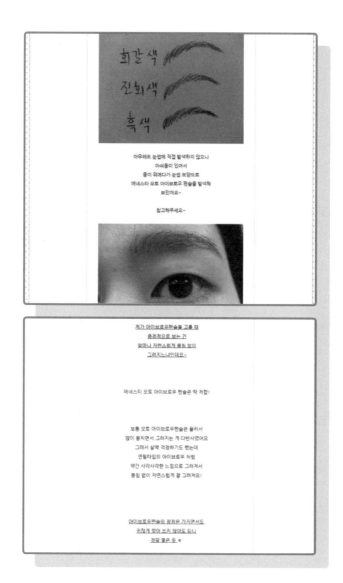

제품 사용 후 사진 및 사용 후기를 적는다.

화장품 제품 체험뿐만 아니라 도서, 패션, 전자 제품 등등도 위의 기본 틀에 맞춰 적으면 문제없다. 방문 체험이든 제품 체험이든 결국 본질이 중요하다. 나는 후기의 본질을 진실성과 제품 사용 후 느낀 점이라 생각한다. 이런 저런 정보가 있으면 좋지만 결국 중요한 건 '그래서 그 제품, 서비스가 어떻다는 거야? 좋다는 거야? 별로라는 거야?'라는 사람들의 궁금증을 충족시켜주는 것이다. 그러니 그것에 집중하며 부가적으로 다른 정보를 제공한다고 생각하며 글을 쓰면 좋을 것 같다.

NoMoney
YOLO

노머니욜로 포스팅은

솔직한 후기 작성에
집중하자!!

지금까지는 블로그 포스팅 내용에 관한 팁에 대해서 알아보았다. 물론 당신은 이 내용들만으로도 충분히 포스팅을 잘할 수 있을 것이다. 그렇지만 또 하나의 포스팅을 쓰는 전체 과정을 한번 쭉 짚어보면 더 좋을 거 같아서 포스팅 작성 과정 설명도 덧붙인다. 그럼 같이 블로그 글쓰기 화면을 따라 가보자!(책에서는 PC 버전으로 준비하였다. 모바일 버전도 PC 버전과 마찬가지로 진행하면 된다. 아이콘이 동일하기 때문에 PC 버전을 익히면 모바일 버전도 당연히 쉽게 이용할 수 있다.)

네이버에 로그인을 한 후 내 블로그에 들어가면 나의 프로필 밑에 '포스트쓰기'라는 아이콘이 있다. 그것을 클릭하자.

그럼 다음과 같은 화면이 뜬다. 우선 '제목'을 먼저 쓴다! 제목을 먼저 써야지 포스팅 내용이 산으로 가지 않는다!

제목을 쓴 다음에는 스크롤을 내려서 '태그'를 작성한다. 태그는 많이 작성한다고 좋은 게 아니다. 그러니 제일 중요한 단어들 2가지 정도만 적도록 하자. 제목이 "서면맛집 맥도날드 다녀왔어요~"라면 태그에는 '#서면맛집' '#맥도날드' 이렇게만 적어주면 된다.

제목과 태그를 작성한 후에는 글쓰기 도구 탭에 있는 '사진'을 클릭해서 미리 찍어둔 사진들을 불러온다. 사진을 하나씩 불러와서 글을 쓰는 블로거들도 있는데 나는 사진을 한 번에 불러온다. 그렇게 하면 시간이 굉장히 단축되기 때문에 추천한다.

사진을 불러오면 글쓰기 도구 밑 '라이브러리'에 사진들이 쭉 뜨고 오른쪽 넓은 화면에도 사진이 뜬다. 사진을 불러왔다면 이제 뭐 블로그 포스팅은 절반은 했다고 볼 수 있다. 왜냐하면 사진 밑에 영업 시간, 지도, 전화번호 등 정보를 적고 제품, 서비스에 대한 후기만 쓰면 끝이기 때문이다. 정보는 그냥 있는 사실대로 적으면 되고, 후기는 사진을 보면서 내가 느낀 것들을 그냥 말로 풀어쓰면 되니까 너무 쉽다.

보통 나는 첫 사진 위에 간단한 인사말이나 왜 이 제품을 이용했는지에 대한 글을 간단히 적는다.

첫 번째 사진 밑에는 주로 지도를 첨부한다. 이는 방문형 체험일 경우에 한정된다. 제품 제험은 지도 첨부가 필요 없기 때문에 생략하면 된다. 지도 첨부를 하는 방법은 글쓰기 도구 중 '장소'를 클릭하여 해당 업체의 이름을 치면 쉽게 첨부할 수 있다.

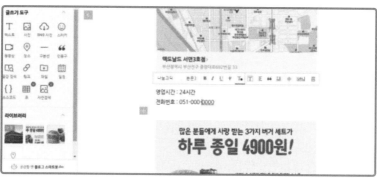

지도를 첨부한 다음에는 영업 시간과 전화번호를 적는다. 이것도 방문 체험일 때만 적으면 된다.

이제는 첨부한 사진들 아래에 그 사진에 맞는 멘트를 간단히 적으면 끝! 정말 쉽죠!

이 화면은 모바일 블로그 글쓰기 화면인데 PC 버전이랑 크게 다르지 않다. 해당 아이콘을 눌러서 PC 버전에서 쓰던 것처럼 편하게 쓰면 된다.

하루 방문자
3천 명 만드는
글쓰기 비법

지금까지 나는 파워 블로거가 아니어도 노머니욜로를 즐길 수 있는 이유와 방법에 대해서 이야기했다. 하지만 이왕 노머니욜로 하는 거 제대로 하고 싶은 분들도 있을 것이다.

노머니욜로 하면서 파워 블로거까지 되는 법! 파워 블로거가 되어 노머니욜로를 넘어 블로그로 돈까지 벌 수 있는 법을 지금부터 살펴보자.

네이버의 파워 블로거 제도는 2014년 이후 폐지되었다. 하지만 인기 있고 영향력 있는 블로거들을 여전히 파워 블로거라고 부르곤 한다. 그러므로 이 책에서도 인기 블로거를 파워 블로거라고 편하게 부르도록 하겠다.

우선 파워 블로거는 블로거에 들어오는 하루 방문자 수가 3천 명 이상이 되어야 가능하다. 그렇다면 하루에 내 블로그 방문자 수가 3천 명이 넘게 하려면 어떻게 해야 할까? 도대체 어떤 글을 써야지 많은 사람들이 내 블로그에 방문할까?

내가 직접 운영하는 블로그에 글을 올려 하루 방문자 수가 3천 명이 넘은 생생한 경험담을 이야기해보고자 한다. 나는 블로그에 어떤 포스팅을 한 후 조회수가 폭발하여 블로그 하루 방문자 수가 3천명이 넘은 적이 있다. 나는 평소 블로그에 그냥 글을 막 올렸었다. 내가 올리고 싶은 글들을 올린 것이다. 그런데 어느 날 갑자기 떠오른 생각이 있었다. 이렇게 저렇게 하면 사람들이 많이 검색해서 들어올 것 같은 느낌이 들었다. 그래서 당장 실행에 옮겼다.

결과는 어땠을까? 내 예상대로 조회수는 폭발하였고 방문자 수도 폭발하였다. 이 포스팅의 인기는 꽤 오래 갔고 종종 블로그 방문자 수에 효자 노릇을 해주고 있다. 내가 쓴 글은 바로 MBC 〈나혼자산다〉에 나오는 박나래 패션 글이었다.

〈나혼자산다〉는 요즘 완전 인기 있는 예능 프로그램이다. 〈나혼자산다〉에 나오는 박나래는 요즘 대세 연예인이다. 〈나혼자산다〉와 박나래 각각 인기가 있는데 이 둘이 합쳐진 시너지는 엄청 나다. 이렇게 인기 있는 키워드는 사람들이 많이 궁금해한다. 그래서 검색도 많이 하게 된다. 그래서 나는 다른 사람들보다 먼저 포스팅을 했다. 〈나혼자산다〉가 하는 시간에 맞춰 포스팅을 했고 포스팅 이후 박나래 패션에 대해 거의 독점적으로 검색 유입을 맛보았다. 곧 내 포스팅을 보고 따라한 블로거들이 있었지만 그래도 내 블로그로의 유입은 상당했다. 하루 방문자 수가 3천 명이 넘은 것이다.

인기 있는 글을 쓰는 방법은 간단하다. 인기 있는 키워드를 가지고 글을 쓰는 것이다. 단 조건은 상위 노출이 되어야 한다는 것이다. 아무리 인기 있는 키워드로 글을 쓴다 한들 검색 결과에서 뒤로 밀려버리면 아무 소용이 없기 때문이다. 당신이 네이버에 검색했을 때 주로 1페이지에 있는 결과값을 많이 보는지 아니면 10페이지 이상에 있는 결과값을 많이 보는지 생각해보면 답이 나올 것이다.

인기 있는 키워드과 상위 노출의 힘은 박나래 글 말고도 다른 포스팅으로도 느껴보았다. 내가 블로그를 한 지 한 달 정도 됐을 때 겪은 일이다. 그때 쓴 글은 위의 박나래 글처럼 예측해서 글을 쓴 것도 아니고 그냥 쓰고 싶은 글을 썼었다. 내가 한창 방문자 수가 꾸준히 증가하고 있던 시기였지만 아직 천 명이 되지는 않았을 때 벌어진 일이었다.

어느 때와 다름없이 자기 전에 블로그에 들어가 방문자 수를 확인했는데 웬걸? 12시가 다 되어가는 밤에 방문자 수가 갑자기 폭발하는 것이 아닌가? 나는 갑자기 무서워졌다. 블로그 방문자 수를 갑자기 늘리는 공격을 하기도 한다던데… 혹시 내가 그 공격에 당한 것일까? 무서워지기도 했다. 하지만 이리저리 생각해본 결과 공격은 아니었다. 단지 인기 키워드와 상위 노출의 힘이었다.

나는 연예인 전효성 패션에 관한 포스팅을 올렸다. 그런데 어느 날 SBS 예능 프로 〈미운 우리 새끼〉에 전효성이 전화 출연을 했던 것이다. 그래서 갑자기 전효성이 급상승 인기 키워드가 된 것이다. 그 당시 내 글이 전효성을 검색하면 가장 상단에 있었다. 그래서 내 방문자 수가 폭발한 것이다.

위의 두 가지 사례에 덧붙여 인기 있는 글을 쓰는 법에 대해 깊이 생각해보자. 그러면 하루에 3천 명 이상이 들어오는 글을 쓸 수 있다. 그러면 당신도 파워 블로거가 될 수 있는 것이다.

　우선 블로그 방문자 수를 높이는 것의 기본은 인기 있는 키워드와 상위 노출이다. 먼저 인기 있는 키워드에 대해 알아보도록 하자. 인기 있는 키워드에는 다양한 것들이 있다. 실시간 인기 검색어가 가장 인기 있는 키워드라고 할 수 있다. 하지만 무턱대고 실시간 인기 검색어를 이용해 글을 썼다간 큰 일 난다. 네이버는 이런 글들을 싫어한다. 그렇다면 어떤 인기 키워드를 사용해야 할까?

　답은 바로 당신이 정한 노머니욜로 분야에서 인기 있는 키워드를 찾는 것이다. 꼭 실시간 검색어에 뜨는 키워드가 아니어도 된다. 한 번 예를 들어보자. 당신이 만약 패션을 노머니욜로로 정했다고 하자. 그럼 패션에서 인기 있는 검색어는 바로 연예인 패션이다.

우리나라 사람들은 연예인 누가 입은 그 옷이 무엇인지 무척 궁금해한다. 그러므로 인기 있는 드라마에 나오는 인기 있는 연예인 패션 위주로 글을 쓰면 된다. 연예인 패션 말고도 그 계절에 맞는 유행 아이템에 관한 글을 써도 좋다. 2017~2018년 겨울에 롱 패딩 열풍이 불었다. 나도 롱 패딩 글로 방문자가 많이 들어왔다.

인기 있는 키워드가 도대체 무엇인지 모르겠다면 이 내용을 참고하자. 패션, 뷰티 분야는 친절하게도 네이버 패션 뷰티가 인기 키워드를 매주 알려준다. 패션, 뷰티가 노머니욜로인 사람들은 '네이버 패션뷰티' 블로그를 참고하면 좋을 것이다.

5월4주 패션 뷰티 트렌드 키워드 공유드립니다. 패션뷰티 이야기   2018. 5. 26. 14:27

안녕하세요 네이버 패션뷰티입니다.
2018년 5월 넷째주 패션뷰티 트렌드 키워드 공유드립니다.

5월 4주 패션뷰티 트렌드 키워드 (2018.05.21~05.27)

패션	뷰티/헤어	스타
남자아웃코디	타투	미승만삼푸
선글라스	펌쿠션	박종회디자이너
여자아동샌들	네일스티커	홍지민다이어트
요가복	2018헤일아트	무법변호사셔예지패션
커작은여자쇼핑몰	남자다종홀	송경아가방
여성하이가드	탈모삼푸1위	홍지민다이어트식단
2018남자아동코디	삼푸추천	강소라마스크팩
남자반팔셔츠	중단발헤어드켓	연예인다이어트식단
팔러슈즈	롤바맨스	써예지단발
스포츠브라	얼굴피지제거	다슬팩팩
남자클러치백	바디워시	다슬쁙쁠이
여자선글라스	마유크림	이유리핑크쿠션
6월결혼식하객패션	쿠션팩트추천	
발치	탈모샴푸	
결혼식하객패션	마스크팩추천	
여성오피스룩	남자화장품	
명품스타일여성의류	에드물패치	

패션뷰티 트렌드 키워드란?
네이버의 사용자들이 검색한 검색어의 양이 지난 한주간 급등한 패션뷰티 분야의 키워드를 의미하며, 주간 단위 검색어 중 상위 300개의 키워드 중 비브랜드명 포함 키워드만을 추출한 것입니다.

▶트렌드 키워드 활용 방법
1) 한주간 네이버 사용자들의 패션뷰티 관심 주제와 트렌드를 파악하실 수 있습니다.
2) 블로그/포스트/TV 등 네이버 내의 다양한 플랫폼에서 콘텐츠 제작 시 참고하실 수 있습니다.
3) 카테고리 분류별 키워드 양은 매주 사용자 동향에 따라 변화하기 때문에, 뷰티/헤어/패션/스타 등 분야별 키워드 제시어의 양은 매주 알라진다는 점 참고바랍니다.

태그 #네이버패션뷰티 #패션키워드 #뷰티키워드 #인기검색어

다른 분야가 노머니욜로인 사람도 괜찮다. '네이버 트렌드'에 들어가면 다양한 분야에 맞게 인기 있는 키워드를 알려준다. 그러니 이 키워드들을 참고하여 글을 쓰면 된다.

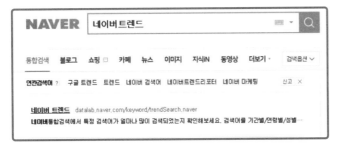

네이버 트렌드 홈에 들어가서 '데이터랩 홈'을 누른다. 그리고 분야별 인기 검색어를 누르고 자신이 원하는 분야의 검색어를 살펴본다. 여기에 나온 키워드들이 최근에 인기 있는 키워드들인 것이다. 그러니 이 키워드들을 가지고 포스팅을 하면 조회수를 높이는 데 도움이 된다.

하지만 이 검색 결과들도 이미 검색된 것들의 데이터 모음이다. 그러니 이 네이버 트렌드 데이터에만 의지하지 말고 미리 자신이 생각해서 글을 쓰는 것도 중요하다. 어차피 자신이 가장 좋아하는 분야에 대해 글을 쓰는 것이니 자신이 그 분야에 대해 궁금한 것들을 먼저 글로 쓴다면 분명 인기 있는 글을 쓸 수 있을 것이다. 내가 궁금해하는 것들이 곧 사람들이 궁금해하는 것이니까 말이다.

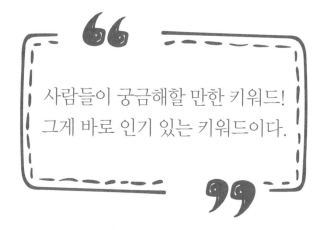

사람들이 궁금해할 만한 키워드!
그게 바로 인기 있는 키워드이다.

다음으로는 상위 노출에 대해 이야기해보자. 상위 노출은 내가 하고 싶다고 막 할 수 있는 것이 아니다. 네이버가 시켜주는 것이기 때문이다. 그렇다면 네이버가 좋아하게끔 글을 쓰면 되지 않을까? 네이버가 좋아하는 글은 어떤 글이다? 앞에서도 이야기했다. 네이버는 한 가지 주제에 대해 전문적인 블로그를 좋아한다. 그러니 자신의 블로그 주제에 맞는 글들을 계속 올리다 보면 네이버가 알아서 상위 노출을 시켜줄 것이다.

위의 내용을 종합해보면 다음과 같다.

당신은 당신의 노머니욜로 분야에 맞는 글을 계속 쓴다. 그런데 그 글을 쓸 때는 인기 있는 키워드를 예상해서 작성하는 것이다. 이렇게 계속 글을 쓰다 보면 당신은 하루에 방문자 수가 3천 명이 넘는 파워 블로거가 될 것이다. 하지만 이렇게 포스팅을 하는 게 쉬운 일은 아니다. 꾸준히 이런 글을 써줘야 하는데 힘들어서 중간에 포기할 바에는 그냥 자기가 쓰고 싶은 글을 쓰는 게 낫다. 이것에 대해서는 다음에 계속 이야기하도록 하자.

나는 파워 블로거에 집착하지 않고 그냥 내가 쓰고 싶은 대로 쓴다. 난 파워 블로거는 아니지만 그래도 체험단으로 노머니욜로 잘하고 있다. 그러니 당신도 파워 블로거에 목숨 걸 필요 없다. 단지 파워 블로거가 되고 싶은 사람을 위해 쓴 글이니 참고만 해도 된다.

위의 내용을 참고하여 파워 블로거가 되었다면 어떻게 블로그로 돈을 벌 수 있는 걸까? 블로그로 돈을 버는 방법에는 다양한 방법이 있다. 그중에서 가장 흔한 경우를 말해보도록 하겠다.

첫 번째는 '포스팅으로 돈벌기'이다. 제품을 받고 체험단처럼 후기를 쓰는데 인기 있는 파워 블로거 같은 경우는 글을 쓰는 대가로 돈을 추가로 받기도 한다. 블로거의 인기 정도에 따라 다르지만 적게는 3만 원에서 많게는 20만 원 정도까지 받는다. 한 포스팅 당 금액이니 이런 글을 많이 쓰면 쓸수록 돈을 많이 벌 수 있다. 기자단이라고 제품을 받지 않고 사진만 받아 글을 써주는 경우도 있는데, 이 경우는 네이버가 싫어해서 블로그에 안 좋은 영향을 미치기 때문에 추천하지 않는다.

두 번째는 '공동구매'이다. 회사에서 직접 파워 블로거에게 개인적으로 연락을 한다. 이런 제품이 있는데 공동구매 하시겠냐고. 공동구매를 의뢰하면 회사는 제품을 많이 팔아서 좋고, 구매자는 제품을 싸게 사서 좋고, 블로거는 수수료를 받아서 좋다. 하지만 공동구매는 인기 있는 블로거라고 해서 다 할 수 있는 것은 아니다. 이웃 수가 많은 블로거라고 하더라도 그 이웃들이 실질적으로 제품을 구매해줄 구매력이 있어야 한다. 그렇기 때문에 블로그 공동구매는 쉽지 않다.

마지막으로는 블로그 자체를 파는 것이다. 마케팅 업체에서 블로그를 팔아달라는 연락이 수도 없이 온다. 당신도 블로그를 하다 보면 이런 쪽지를 많이 받게 될 것이다. 마케팅 업체에서는 어느 정도 키워놓은 블로그를 바로 구매하고 싶어 하기 때문이다. 블로그 판매 금액은 250만 원에서부터 500만 원 대까지 다양하다. 하지만 이렇게 한번 블로그를 팔아버리면 그걸로 끝이니 주의할 필요가 있다. 실제로 저 금액을 제대로 주는지도 의문이다.

이렇게 블로그를 통해 돈을 버는 방법도 좋지만 나는 당신이 블로그로 노머니욜로 하는 데 집중하였으면 한다. 이렇게 돈만 보고 가다간 금방 쉽게 지쳐 떨어질 것이기 때문이다. 그러니 난 당신이 하고 싶은 거 하며, 즐기며, 블로그를 했으면 한다.

즐기는 자가
끝까지 간다

"천재는 노력하는 자를 이길 수 없고, 노력하는 자는 즐기는 자를 이길 수 없다."

이 명언에 따르면 즐기는 자가 곧 최고라는 뜻이다. 노머니욜로 라이프에서도 마찬가지이다. 아무리 마케팅에 뛰어난 재주가 있다고 하더라도 꾸준히 블로그를 위해 노력하는 자를 이길 수 없다. 또 아무리 노력한다고 한들 그 사람은 블로그를 즐기면서 하는 사람을 이길 수 없다.

즐기는 자가 최고가 될 수밖에 없는 이유는 무엇일까? 바로 그 이유는 꾸준함 때문이다. 당신이 만약 지금 당장 파워 블로거가 되었다고 생각해보자. 파워 블로거라는 타이틀에 우쭐해서 모든 것을 내려놓고 방심하게 되었다면 어떻게 될까? 파워 블로거라는 타이틀은 한순간의 물거품처럼 사라질 것이다.

아무리 지금 당신이 파워 블로거라 해도 나중에는 어떻게 될지 아무도 모른다. 한 번 파워블로거가 평생 파워블로거는 아니기 때문이다. 몇 달 전만 해도 하루 방문자 수가 3천 명이 넘었던 인기 파워 블로그가 지금은 방문자 수가 급격히 줄어 너무나 한적한 블로그가 되었다. 그 이유는 무엇일까?

그 블로그가 멈추었기 때문이다. 몇 달째 글을 올리지 않고 블로그를 방치해버리니 아무리 인기 있던 블로그였다 한들 지금은 아무것도 아니게 되었다. 그러니 당신은 지금 당장 파워 블로거가 아니더라도 절대 걱정할 필요가 없다. 또 만약 지금 인기 있는 파워 블로거라고 한들 방심해서는 안 된다. 결국엔 꾸준하게, 끝까지 하는 자가 살아남으니깐 말이다.

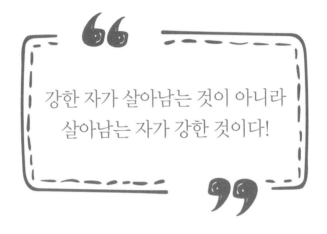

> 강한 자가 살아남는 것이 아니라
> 살아남는 자가 강한 것이다!

NoMoney
YOLO

블로거도 끝까지 살아남는 자가
강한 것이다.
블로거에게 강함은 바로
꾸준함이다.
꾸준하게 계속 블로그를 한다면
당신은 끝까지 살아남는 자가 될 수 있다.

이제 블로그 활동에 꾸준함이 정말 중요하다는 것을 알았다. 꾸준하게 블로그를 하기 위해서는 블로그 하는 것을 즐겨야 한다. 아무리 아이템이 좋다 한들 꾸준하지 못하면 아무 소용이 없다. 꾸준하게 하려면 나부터 즐겨야 한다. 좋아하는 걸 하면 신나고 재미있지만 하기 싫은 걸 억지로 하면 아무 감흥도 느껴지지 않는다. 결국 그렇게 힘들게 이끌어 가려 해도 금방 지쳐 떨어지고 말 것이다.

당신이 지금 이 책을 보는 목적은 노머니욜로를 하기 위함이다. 말 그대로 욜로! 인생을 즐기기 위함인데 힘들게 할 필요가 있을까? 다 즐기면서 하면 된다! 그러니까 괜히 하기 싫은 걸로 절대 괴로워지면 안 된다.

파워 블로거가 될 수 있는 방법에 대해 언급했지만 난 굳이 추천하지는 않는다. 파워 블로거가 직업인 사람도 많다. 그만큼 돈이 되기 때문이다. 하지만 파워 블로거가 되기까지 정말 수많은 노력이 필요했을 것이다. 파워 블로거라는 타이틀을 유지하기 위해 괴롭고, 외롭고, 힘든 나날을 보내야 할 수도 있다.

굳이 파워 블로거가 되지 않아도 충분히 노머니 욜로를 즐길 수 있는데 괜히 욕심 부리다간 아무 것도 남지 않는다. 그러니 절대 욕심 부려서 괴로워지지 않았으면 한다.

우리는 '노머니욜로'에만
집중하자.
파워 블로그는 노머니욜로를
누린 그 다음에
생각해도 충분하다.

그러니 그냥 당신이 정한 그 노머니욜로 한 분야에만 집중하자. 블로그에 하루에 1개씩 포스팅 한다고 생각하자. 반드시 하루에 1개를 올려야 한다는 건 아니지만 아무래도 매일 하다 보면 습관이 되어 점차 수월해질 수 있다. 하루에 올리는 개수보다는 꾸준히 올리는 것이 중요한 것이니까 당신에게 부담스럽지 않은 범위 내에서 꾸준히 올리는 습관을 들여보자.

다시 한 번 말하지만 포스팅을 하는 게 논문을 쓰는 것이 아니다. 논술 문제를 푸는 것도 아니다. 그냥 후기를 쓰거나 당신이 하고 싶은 이야기를 하면 되는 것이다. 단, 당신이 정한 노머니욜로 분야에서만 벗어나지 않으면 된다.

우선 어렵게 생각하지 말고 일단 막 써라. 처음엔 진짜 막막할 것이다. 특히 첫 포스팅을 할 때의 그 막막함은 이루 말할 수 없을 것이다. 하지만 괜찮다. 절대 부담 가지지 말고 일단 아무거나 막 쓰자! 막 쓰다 보면 점차 느낌이 올 것이다. 그리고 막 쓰면서 블로그에 재미를 붙이자. 절대 스트레스 받으면 안 된다. 글을 쓰다가 스트레스 받는다 싶으면 잠시 쉬어가자. 무조건 즐기면서 해야 한다. 노머니욜로 하기 위함임을 절대 잊으면 안 된다. 계속 이렇게 꾸준히 블로그에 글을 올리고 하다 보면 당신은 끝까지 노머니욜로를 누릴 수 있을 것이다.

노머니욜로를 도와줄
체험단 사이트 &
당첨 잘 되는 꿀팁

당신의 노머니욜로를 도와줄 블로그 체험단 사이트들을 소개하도록 하겠다. 블로그 체험단을 모집하는 사이트들은 정말 많다. 내가 찾아본 것만 해도 70 군데가 넘는다. 블로그 체험단을 모집하는 곳은 홈페이지 형 사이트도 있고, 블로그 형이나 카페 형도 있다.

내가 지금 소개할 곳은 체험단 플랫폼으로서 중간에서 직접 블로거와 업체를 연결해주는 곳이다. 블로그 체험단 중 가장 유명한 두 곳이라고 할 수 있다. 유명한 곳을 소개하는 이유는 우선 다양한 체험단을 모집하기 때문이다. 맛집부터 뷰티, 숙박, 전자, 도서 등등 많은 카테고리가 있어서 다양한 체험단을 즐기기에 좋다. 또 아무래도 큰 업체일수록 고객센터가 잘 구축되어 있기 때문에 체험단을 하면서 문제가 발생할 시에 원활하게 해결할 수 있다는 장점도 있다.

이 체험단 플랫폼들이 유명하다고 해서 당신이 꼭 이용해야 하는 것은 아니다. 유명한 곳일수록 아무래도 경쟁률이 높기 때문에 다른 체험단 사이트에서 신청해도 좋다. 네이버에 '블로그 체험단'이라고 검색만 해도 많은 곳이 나오기 때문에 찾는 건 어렵지 않다.

위블(www.weble.net)

위블은 현재 국내 블로그 체험단 1위 사이트이다. 홈페이지 형으로서 체험단 신청과 확인이 간편하다는 장점이 있다. 또한 커뮤니티도 활성화되어 있어 블로그 체험단을 하며 궁금한 점들을 질문하기 좋다. 또한 다양한 체험단을 할 수 있는 것도 큰 장점이다. 지역 맛집부터 시작해서 지역 뷰티, 지역 숙박, 화장품, 육아 제품, 도서 제품, 디지털 제품 등등 여러 카테고리에 들어가서 구경하는 재미도 쏠쏠하다. 위블의 가장 좋은 점은 고객센터의 피드백이 빨라서 문제 발생시 해결이 용이하다는 점이다.

(출처: 위블 홈페이지)

쉬즈블로그(blog.naver.com/blognara_)

쉬즈블로그도 유명한 블로그 체험단 사이트 중 하나이다. 이곳은 네이버 블로그 식으로 되어 있다. 쉬즈블로그 1, 2 ,3으로 총 세 군데로 나눠 운영 중이다. 위블처럼 한눈에 신청 내역을 확인할 수 없는 점은 아쉽다. 하지만 이곳은 쉬즈블로그라는 이름답게 여자들에게 필요한 체험단들이 많이 올라오는 편이다. 특히 의류 쇼핑몰 체험단이 다른 블로그 체험단 업체들보다 많이 올라오기 때문에 패션 쪽 노머니욜로 하고 싶은 사람은 참고할 만한 곳이다. 쉬즈블로그를 이용하는 팁은 앙코르 체험단 위주로 신청하면 좋다.

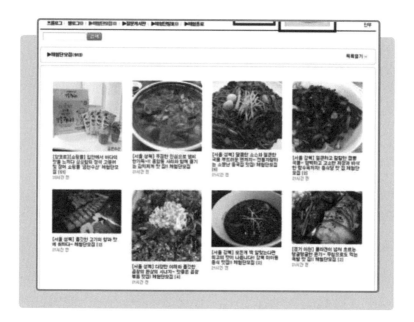

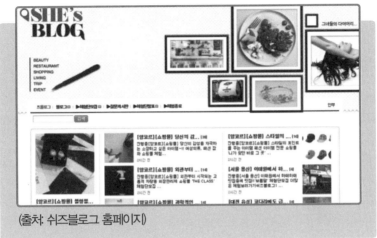

(출처: 쉬즈블로그 홈페이지)

이패스(www.e-pass.co.kr)

이패스는 체험단뿐만 아니라 경품 등 다양한 이벤트를 모아놓은 사이트이다. 이패스로 들어가 검색창에 체험단을 치면 다양한 체험단들이 나올 것이다. 이패스에서 진행하는 체험단은 보통 기업에서 모집하는 체험단이 많이 올라온다. 위블이나 쉬즈블로그는 위블과 쉬즈블로그에서 직접 업체들을 모집한 체험단이고, 이패스는 각 기업에서 각자 올린 체험단을 모아놓은 것이다. 주로 대기업 등에서 진행하는 체험단이 많으니 참고하면 좋다.

(출처: 이패스 홈페이지)

위의 블로그 체험단 사이트들을 둘러보았는데도 자신이 원하는 노머니욜로 분야가 없을 수도 있다. 그러면 네이버 카페에 들어가 자신이 원하는 분야의 카페에 가입한다. 규모가 큰 카페들은 카페 자체에서도 체험단을 많이 모집하기 때문에 그 방법도 좋다.

네이버 카페 홈에 들어가서 검색창에 '체험단 + 자신의 노머니욜로 분야'를 조합한 키워드를 검색하여 해당 카페에 들어가서 체험단 신청을 하면 된다.

예를 들어 육아 용품에 관심이 많다면 '육아 용품 체험단'을 검색하여 나오는 카페들에 들어가서 가입 후 체험단 신청을 해보면 된다.

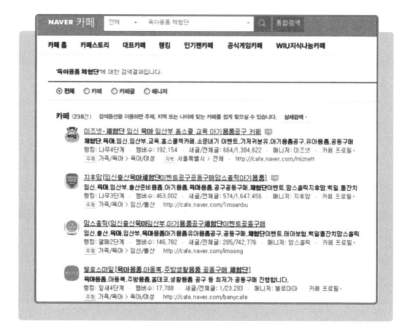

또 다른 예로 화장품 체험단은 네이버 카페 '파우더룸'에 많이 올라온다. 카페에 들어가서 이벤트 카테고리를 누르면 이런 화면이 나온다. 여러 체험단 중 자신이 원하는 체험단을 골라 신청하면 끝!

이외에도 블로그를 운영하다 보면 업체에서 개인적으로 체험단 연락도 많이온다. 블로그 댓글, 안부글, 쪽지, 메일 등으로 체험단 모집을 원하는 경우가 많이 있으니 걱정하지 않아도 된다. 그러니 너무 조급해할 필요 없다.

제리핑크님 안녕하세요:-) 영리뷰 체험단입니다!
이번에 부산대 836숯불바베큐 치킨체험단을 모집하고 있습니다.
꼬옥 모시고 싶어서 쪽지보내요:)

혹시나 관심이 있으시다면 신청해주시면 감사하겠습니다.
좋은 하루 보내세요!

https://blog.naver.com/young-review/221238617237

[김해 장신대역]
[디에뜨샵 3차 사진기자단 모집]

https://goo.gl/pq3CKx

-체험상품-
20만원상당의 바디관리 2팀
9만원상당의 얼굴관리 2팀

[부산대]
[버거다이브 방문체험단 모집]

https://goo.gl/HhxqMt

2분 방문시 햄버거 세트 하나 + 햄버거 단품 하나추가

3분 방문시 햄버거 세트 두개 + 햄버거 단품 하나추가

파블로체험단   ⋮
[체험단 당첨확률이 95% 이상인 블로거에게만 드리는 댓글입니다.]

와~글 맛있게 잘 쓰시네요! 저희 체험단 신청해보시는건 어떠세요? +_+ 얼능 신청하
세요 당신 같은 블로거가 필요합니다! 당첨 즉시 방문가능!
http://bit.ly/2rgeWyq
(" 제품체험단 신청하기
2018.5.16. 16:28 │ 신고

마지막으로 블로그 체험단에 신청하는 팁을 알려주도록 하겠다.

우선 당신의 블로그에 한 주제(당신의 노머니욜로 주제)로 글을 꾸준히 올려라. 그러다 블로그 글 개수가 30개 이상이 되고, 하루 방문자수가 백 명 정도가 되면 이제 시작하는 것이다.(절대적인 기준은 아니고 대략적인 기준이지만 이 정도만 되어도 신청해볼만 하다.) 블로그 체험단 사이트에 들어가서 체험단 신청을 하면 된다. 아무래도 당신이 원하는 분야에 맞는 체험단을 신청하는 것이 당첨 확률이 높다.

그런데 아무래도 아직 초보일 때는 블로그 체험단 당첨이 조금 힘들 수도 있다. 그래도 괜찮다. 꾸준히 신청하면 된다. 그래서 처음 시작할 때는 경쟁률이 낮은 체험단부터 신청하면 좋다. 이렇게 신청하다 보면 또 개인적으로 쪽지도 올 것이다.

그리고 블로그 체험단에서 가장 중요한 팁은 체험단 신청을 많이 하는 것이다. 당연한 소리일수도 있지만 블로그 체험단은 많이 신청할수록 당첨 확률이 쭉쭉 올라간다.

잘나가는 인기 블로거들도 100% 당첨되는 건 아니다. 체험단을 많이 이용하는 블로거들의 말을 들어보면 보통 100번 신청하면 30번 당첨되는 정도라고 한다. 즉 인기 있는 블로거들도 30% 정도의 당첨률이라는 것이다.

　내가 위블에서 당첨된 블로그 체험단을 살펴보니 300개 신청했는데 60개의 체험단에 당첨되었다. 나는 20%의 당첨률이라고 할 수 있다. 뭐 내가 위블만 이용하는 것이 아니니 다른 곳들까지 합치면 30% 정도의 당첨률이 나올 것 같다. 그러니 여러분도 체험단 당첨이 안 된다고 너무 낙심하지 마라. 일단 블로그부터 어느 정도 만들어놓은 다음 폭풍~ 체험단 신청을 해보자! 처음 당첨이 어렵지, 한 번 당첨되면 이제 쭉쭉 계속 당첨된다!

　할 수 있다 아자!

최후의 판가름은
정성이다

같은 값이면 다홍치마.

블로그 체험단도 똑같다. 블로그 체험단을 모집하는 사이트나 마케팅을 원하는 업체는 이왕이면 좀 더 나은 블로거에게 체험단을 맡기고 싶을 것이다. 그래야 업체에서 원하는 마케팅 효과가 잘 나올 것이기 때문이다. 블로그 체험단 모집 사이트는 체험단을 신청한 사람들 중에서 여러 가지 기준에 맞춰 당첨자를 선별한다. 이 기준들에 부합하는 블로거가 최종으로 블로그 체험단으로 당첨될 것이다.

아래의 체험단 당첨 기준은 여러 체험단 모집 사이트에 올라온 글들을 참고하여 작성한 것이다.

첫 번째, 체험단 주제에 맞는 블로그인가?
두 번째, 방문자 수가 어느 정도인가?
세 번째, 평소에 어떤 글을 작성하는 블로거인가?

앞에서도 이야기했다시피 요즘 네이버에서는 어떤 주제에 대해서 전문적인 블로그를 좋아한다. 그렇기 때문에 체험단을 진행할 때도 체험단 카테고리에 맞는 블로그들을 위주로 선발한다. 예를 들어 화장품이라면 뷰티 블로거들이 체험단에 당첨될 확률이 매우 높다. 이어폰이라면 전자, IT 블로그가 당첨될 확률이 높다. 육아 제품이라면 육아 블로그를 운영하는 블로거에게 체험단 기회를 줄 것이다.

NoMoney
YOLO

이렇듯 업체는 체험단 제품이나
서비스에 맞는
블로그들을 뽑는다.

그래서 애초에 체험단 신청을 할 때에
당신의 블로그 주제에 맞는
체험단을 신청하는 게 좋다.

체험단 당첨 기준 두 번째, 방문자 수이다.

많은 블로거들이 자신들의 블로그가 방문자 수가 낮아서 당첨이 안 된다고 생각하는 경우가 많다. 블로그 체험단에서 방문자 수가 중요하긴 하다.

이건 블로그 체험단 모집 사이트에서 직접적으로 밝힌 내용이다. 하지만 방문자 수가 높다고 해서 무조건 블로그 체험단에 당첨되는 것은 또 아니다. 블로그 체험단 당첨 확률을 좀 더 높여주는 것이지 무조건적인 요소는 아니다.

실제로 내가 운영하는 블로그로 체험단을 신청했을 경우로 예를 들어보자. 내가 하루 방문자 수 5백 명이 넘게 나올 때에 블로그 체험단 신청을 엄청 많이 한 적이 있었다. 그런데 당첨이 잘 되지 않는 거다. 솔직히 하루 방문자 수 5백 명이면 진짜 꽤 많이 들어오는 건데도 불구하고 생각보다 당첨이 잘 되지가 않아 속상하였다. 그리고 나서 블로그 관리에 좀 소홀해지다 보니 방문자 수가 좀 떨어졌다.

방문자 수가 3백 명 대였을 때에 또 열심히 블로그 체험단을 신청하였다. 그런데 이게 웬걸? 오히려 방문자 수가 5백 명이 넘을 때보다 3백 명일 때가 더 많이 당첨됐었다. 혹시 나만 이런가 싶어 블로거 커뮤니티에서 다른 사람들의 이야기도 들어보았다. 그런데 나만 그런 게 아니었다.

　방문자 수가 블로그 체험단 선정의 절대적인 기준이 아닌 것이다. 실제로 한 마케팅 전문가도 방문자 수는 그다지 중요한 게 아니라고 하였다. 왜냐하면 어떤 분야인지에 따라 검색량 자체가 다르기 때문이다. 그러니까 당신도 너무 걱정하지 말고 그냥 신청하라.

　세 번째 체험단 선정 기준은 블로거가 평소 작성하는 글이다. 즉 평소에 포스팅을 정성스럽게 하는가의 여부이다. 그래서 내가 이 절의 제목을 '최후의 판가름은 정성이다'라고 지은 것이다. 아무리 방문자 수가 높다 한들 포스팅을 무성의하게 대충 작성해버리면 당첨되지 않을 것이다.

거꾸로 생각해보면 이해하기가 더욱 쉬워진다.

홍보를 원하는 업체 입장에서 자신의 제품이나 서비스를 성의 없이 대충 쓰는 블로그에게 자신의 제품을 맡기고 싶겠는가? 또 업체가 아닌 소비자 입장에서 생각해도 그렇다. 정보를 찾는데 대충 몇 자 적고 떡 올린 사람의 블로그에 들어가면 기분이 별로 좋지 않을 것이다. 게다가 얻는 정보도 별로 없을 테니 그런 블로그에는 되도록 다시는 들어가고 싶지 않을 것이다.

블로그 방문자 수에 중요한 역할을 하는 것 중 하나가 이웃이다. 만약 내가 어떤 블로그에서 좋은 정보를 얻었다면 계속 정보를 얻고 싶어서 이웃 추가를 할 것이다. 하지만 그 블로그에서 얻은 정보가 불만족스러웠다면 절대 이웃 추가를 하지 않을 것이다.

그러니 여러 모로 보아도 정성스럽게 포스팅을 하는 것이 중요하다.

그런데 정성스럽게 포스팅을 하라고 했다고 또 막 엄청나게 소설 쓰듯이 쓰라는 건 아니다. 블로그에 포스팅을 할 때는 특히 '역지사지'의 자세를 갖추는 것이 좋다. '내가 검색하는 입장이라면 어떤 정보가 있기를 원할까?' '글과 사진의 양은 어느 정도가 적당할까?' 등등. 정보 소비자의 입장에 맞추어 포스팅을 하면 된다.

당신은 일단 방문자 수는 크게 신경 쓰지 말고 당신이 선택한 노머니욜로 주제에 집중하자!

계속 반복해서 이야기하는 이유는 그만큼 중요하기 때문이라는 걸 명심하자. 당신은 그냥 즐겁게~ 당신의 노머니욜로를 당신의 블로그에서 마음껏 즐기면 된다. 당신이 좋아하는 것이니 대충하려고 해도 알게 모르게 정성이 들어갈 테니 말이다.

그렇게 계속 블로그를 하다 보면 이제 저절로 체험단에 당첨될 것이다.

나는 당신을 믿는다.

남들이
시기 질투 한다면
잘하고 있는 거다

공짜로 하고 싶은 거 누리고 다니는 노머니욜로.

당신이 노머니욜로를 한다고 주변 사람들에게 말했을 때 반응은 어떨까? 대단하다고 칭찬해주는 사람도 있고, 당신을 부러워하는 사람도 있을 것이다. 그런데 모두 다 긍정적으로만 바라봐 줄까? 분명 부정적인 시선도 있을 것이다.

"블로그로 노머니욜로를 한다고? 그거 혹시 블로거지 아니야?"

이런 사람, 꼭 있을 것이다. 남이 잘되면 진심으로 축하해주는 사람도 있겠지만 소수에 불과하다. 대부분 남이 잘되는 게 배 아파서 어떻게든 끌어내리려고 할 것이다. 어떤 연예인은 자신의 안티 팬카페 회장이 알고 보니 평소 자신의 절친이었다는 소리를 한 적도 있다. 진짜 옛말 중 '사촌이 땅을 사면 배가 아프다'라는 말이 괜히 나온 것이 아니다. 아예 모르는 사람보다 오히려 주변 지인들이 더 난리인 경우가 많다.

뭐 블로거지든, 공짜 밝히다 대머리 된다는 둥 쓸데없는 이상한 소리 지어내서 이야기하는 사람들 말은 그냥 무시하라. 전부 당신이 부러워서 하는 말이니까. 나랑 비슷한 아는 사람이 갑자기 나와 다르게 잘나가는 것 같고, 막 돈 걱정 없이 공짜로 즐긴다니 부러워서 미쳐버릴 것이다.

"다 내가 잘나가서 그렇지 뭐, 내가 예뻐서 그렇지 뭐"

현아의 〈잘나가서 그래〉라는 노래의 가사 한 대목이다. 진짜 잘나가기 때문에 다들 배 아파서 하는 소리니 크게 신경 쓸 필요가 없다.

그런데 아무리 남들이 시기 질투 한다고 생각하려고 해도 '블로거지'라는 말이 신경 쓰일 것이다. 나도 처음엔 되게 그 말이 거슬렸기 때문이다. 당신도 분명 그런 생각을 할 수 있기 때문에 이야기를 해볼까 한다.

도대체 블로거지라는 말은 왜 생겨난 것이고, 언제부터 생겨난 것일까?

블로거지라는 말은 네이버에서 '파워 블로그'라는 영향력 있는 블로그들을 선정하면서부터 만들어졌다고 할 수 있다. 파워 블로그라는 게 탄생한 이후 몇몇 사람들이 식당이나 카페에 가서 사고를 친 것이다. 블로거지들은 이렇게 행동한다. 먼저 식당이나 카페 등에서 사장님한테 자신이 파워 블로거라고 밝힌다. 사진 찍어서 후기 좋게 써줄 테니 음식 값을 공짜로 해달라고 요구하는 것이다. 몇몇 사장님들은 자신의 가게를 홍보하기 위해서 '자칭 파워 블로거'들의 요구를 들어주었을 것이다. 그런데 그들이 진짜 파워 블로거긴 했을까?

내가 여러 블로거지들의 사례를 조사해본 결과, 진짜 파워 블로거들보다는 파워블로거를 사칭한 그냥 거지들인 경우가 많았다. 왜냐하면 진짜 파워 블로거에게는 알아서 수많은 협찬이 들어오는데 굳이 그렇게 거지처럼 행동할 필요가 있겠는가? 그리고 파워블로거들은 자신의 프라이드가 있기 때문에 오히려 그런 행동은 하지 않는다. 블로거지가 블로거의 이름에 먹칠을 하는 것이다.

블로거지는 그냥 진짜 거지가 식당이나 카페 사장님 등 블로그에 대해 잘 모르는 사람에게 사기를 치는 것이다. 자신이 파워 블로거인 척하면 공짜로 음식을 줄 것이라고 생각하고 그런 행동을 하는 것이다. 몇몇 거지들 때문에 블로거의 이미지가 블로거지로 굳혀진 것도 있다.

하지만 몇몇 사람들이 그런 행동을 한다고 하여 모두가 그런 건 아니지 않는가? 성급한 일반화를 해선 안 된다. 수많은 블로거들 중 진짜 0.001% 정도의 사람들이 블로거지 행동을 했다고 하여 모든 블로거들이 블로거지가 아니란 말이다. 만약 어떤 한 연예인이 협찬을 구걸했다고 하여 연예인 전부가 협찬을 구걸하는 사람이 되어버리는 게 아닌 것처럼 말이다.

그냥 블로거지나 파워블로거를 사칭하는 사람은 그냥 그 사람이 그런 사람일 뿐인 거고, 당신은 그냥 당신의 노머니욜로를 즐기는 사람일 뿐이다. 그러니 당신은 행여나 블로거지란 말을 듣거나 보게 되었을 때 상처 받거나 기분 나빠할 필요가 없다. 우리는 블로거지가 아니고 당당하게 체험단으로 노머니욜로 하는 것이니까 말이다. 블로그 체험단은 상호 간의 약속으로 이뤄지는 행위지 구걸하는 행위가 아니다. 우리는 정당한 대가를 제공한다. 반드시. 구걸하지 않는데 거지일리가 있나.

그러니 괜히 블로거지라는 말에 기죽을 필요 없다는 소리이다. 부럽고 잘나갈수록 시기 질투가 많아지는 건 당연한 것이다. 못 나가는 사람에겐 동정을 해주지 누가 질투를 하는가? 그러니 당신이 만약 주변에서 시기 질투를 많이 받게 된다면 그럴수록 당신은 더 잘하고 있는 것이다. 쓸데없는 말은 다 무시하고 당신의 노머니욜로에만 집중했으면 좋겠다.

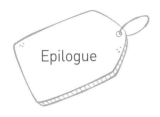

나도 행복하고 모두가 행복한 노머니욜로!

누이 좋고 매부 좋고, 도랑 치고 가재 잡고, 꿩 먹고 알 먹고, 님도 보고 뽕도 따고!

우리가 흔히 일석이조의 효과를 논할 때 쓰는 말이다. 노머니욜로도 이게 가능하다는 것을 이제는 당신도 알게 되었다. 심지어 일석이조를 넘어서 일석삼조의 효과를 가지고 있는 게 노머니욜로다!

첫째, 노머니욜로는 당신에게 가장 좋다.

노머니욜로를 시작하는 가장 큰 이유이기도 하다. 당신은 당신의 돈을 쓰지 않으면서 당신이 하고 싶은 걸 누릴 수 있다. 당신이 돈에서 자유롭게 원하는 걸 할 수 있다는 것이 바로 노머니욜로의 첫 번째 이득이다.

둘째, 업체에서 좋아한다.

자신의 제품 및 서비스를 홍보하고 싶어 하는 업체 측에서는 양질의 고객 후기를 확보할 수 있다. 그리고 그 후기는 바이럴 마케팅이 된다. 바이럴 마케팅은 매출 상승 효과를 낳는다. 우리의 노머니욜로는 이렇게 업체의 수익에 선한 영향을 끼친다.

셋째, 일반 소비자들에게도 좋다.

노머니욜로를 하는 사람과 업체가 좋은 건 쉽게 예상이 가는데 일반 소비자들에게까지 좋다는 건 미처 생각하지 못했을 수도 있다. 하지만 우리들이 하는 노머니욜로는 일반 소비자들에게도 분명 도움이 된다. 왜냐? 바로 다양한 정보를 제공해주기 때문이다. 사람들은 항상 새로운 정보를 원한다. 그리고 보다 다양한 정보를 원한다. 우리는 그것을 충족시켜줄 수 있다. 체험단은 제품 및 서비스 당 한두 명에게만 주어지는 것이 아니라 적게는 5명에서 많게는 수백 명 정도까지 진행된다. 그러므로 각자 다양하게 느낀 점들을 제공할 수 있다. 그러므로 일반 소비자들에게도 노머니욜로는 많은 도움이 된다.

블로거지는커녕 오히려 업체와 일반 시민들에게 선한 영향을 끼치는 것이다. 당신의 삶을 위한 노력이자 부가적으로 사회를 위한 봉사 아닌 봉사를 하고 있는 것이다. 위의 효과 말고도 이 책을 읽으면서 노머니욜로의 다양한 장점들을 많이 보았을 것이다. 이런 수많은 장점을 지닌 노머니욜로를 포기하기엔 너무 아깝지 않은가?

다시 한 번 말하지만 주변 신경 쓰지 말고 당당하게 노머니욜로를 즐겼으면 좋겠다. 노머니욜로는 수많은 라이프 스타일 중 하나다. 라이프 스타일이란 것은 본디 매우 주관적인 것이기 때문에 매우 다양한 형태가 존재한다는 것은 잘 알 것이다. 요즘 한창 유행 중인 미니멀 라이프라든지, 미니멀 라이프의 반대 격인 맥시멈 라이프라든지 웰빙 스타일, 비건 스타일, 휘게 스타일 등등 라이프 스타일은 각자 살아가는 삶의 방식이기 때문에 무궁무진하다.

노머니 욜로도 그 수많은 라이프 스타일 중 하나이다. 우리의 라이프 스타일은 당신이 하고 싶은 걸, 원하는 걸, 돈 걱정 없이, 자유롭게, 하고 싶을 때 언제든 할 수 있는 노머니욜로다. 당신의 취향과 생각을 존중해줄 의무는 그 누구도 아닌 바로 당신 자신에게 있다.

당신의 인생에 노머니욜로 라이프라는 간판을 달아보자. 그런 다음 누려보자. 그냥 마음 편하게 쉽게 시작하자! 당신도 충분히 할 수 있다.

나도 행복하고 우리 모두가 행복한 삶의 시작
노머니욜로 라이프
Let's get it!